CHAMBORD

LYON, — IMPRIMERIE DE LOUIS PERRIN.

LE CHATEAU DE CHAMBORD.

LE CHATEAU
DE
CHAMBORD

PAR

DE LA SAUSSAYE

MEMBRE DE L'INSTITUT
(Académie des Inscriptions & Belles-Lettres.)

DIXIÈME EDITION

REVUE, CORRIGÉE ET AUGMENTÉE
ORNEE DE HUIT VIGNETTES

BLOIS | PARIS
Chez tous les Libraires. | AUBRY, rue Dauphine, 16.

M DCCC LXV

> Tout l'édifice est admirable &
> rend vn regard merueilleusement
> superbe.
>
> Dv Cerceav.

A grandeur & la variété des événements dont le château de Chambord réveille le souvenir, la majesté & la richesse de l'architecture de ce beau monument de la Renaissance excitent, depuis plus de trois siècles, la curiosité & l'admiration de tous, & ont enfanté une multitude d'ouvrages destinés à en retracer l'histoire. Ces diverses publications, tantôt riches de pensée & de style, & tantôt d'une concise simplicité, ornées de tout le luxe de la typographie & de la gravure, & s'élevant jusqu'au fastueux in-folio, ou, moins ambitieuses, se contentant du modeste in-douze; ou bien, parfois encore, l'expression politique d'un parti, se sont épuisées successivement devant l'incessante curiosité qu'inspire le château de Chambord.

Nous n'avons la prétention de remplacer ni les unes ni les autres. La brochure que nous publions, modeste dans sa composition comme dans sa forme, ne s'adresse à aucun parti; elle ambitionne seulement de faire connaître Chambord par une étude approfondie du monument & par un précis historique des divers événements dont les riches souvenirs l'animent encore, laissant au lecteur le soin de tirer telle conséquence qu'il lui plaira des faits présentés dans un récit qui s'adresse indistinctement à tous. A tous?... non; les démolisseurs n'y trouveront pas l'estimation du plomb ou du fer, du bois ou de la pierre qui entrent dans la construction de Chambord.

Si nous avons dû répéter beaucoup de choses déjà

dites, nous avons conſtamment cherché, dans les éditions ſucceſſives de cette Notice, à recueillir des faits nouveaux, afin de ne pas nous en tenir au rôle de ſimple compilateur, que n'évite pas toujours un dernier arrivant.

I.

DESCRIPTION.

E château de Chambord eft fitué à quatre lieues de Blois, dans une de ces plaines fablonneufes & humides, coupées de bois & de bruyères, qui compofent la plus grande partie du territoire de la Sologne. Il fe trouve à peu près au milieu d'un parc de cinq mille cinq cents hectares, dont l'étendue forme à elle feule une commune d'environ quatre cents âmes de population. Ce parc, entouré d'une muraille de plus de huit lieues de circuit, traverfé de l'eft à l'oueft par la rivière du Coffon, renferme un village, cinq fermes & quatre mille cinq cents hectares de bois.

L'afpect général de Chambord, lorfqu'on l'aperçoit de loin, a quelque chofe de véritablement fantaftique. Cet amas de flèches, de tourelles, de cheminées, qui dominent le monument & fe mêlent fans fe confondre, eft ce qui frappe d'abord. La fimplicité des lignes, les faillies des tours, la fymétrie & la nobleffe de l'ordonnance générale fe développent à mefure que l'on s'approche, & l'immenfité de l'édifice, que l'harmonie des proportions empêche l'œil d'apprécier exactement, étonne au dernier point lorfqu'on s'avance à travers cet affemblage prodigieux de falles, de galeries & d'efcaliers qui fe multiplient à chaque pas.

La difpofition des bâtiments forme un carré long, de cent cinquante-fix mètres (80 toifes), fur cent dix-fept (60 toifes), dont les angles font flanqués de quatre groffes tours de dix-neuf mètres & demi (60 pieds) de diamètre. Un fecond édifice, auffi de forme carrée & flanqué également de quatre groffes tours à toit pointu, furmonté d'une lanterne, eft entouré en partie par les bâtiments du premier, & leurs deux façades, du côté du nord, fe confondent en une feule, que les quatre tours qui s'y rencontrent partagent en trois parties à peu près égales. Ces conftructions, dont le développement eft immenfe, mais qui ne font pas entièrement terminées, étaient jadis appuyées extérieurement fur des terraffes ornées de baluftres de pierre & entourées de larges foffés d'eau vive, alimentés par la rivière qui coule à l'extrémité du parterre. Les foffés ont été comblés & les baluftres renverfés, dit-on, par le roi de Pologne, Staniflas, pendant son séjour à Chambord, ce qui enlève au château un peu de sa physionomie originale, & détruit la légèreté des bâtiments, en les enterrant de plusieurs mètres.

On voit que le plan général de l'édifice rappelle

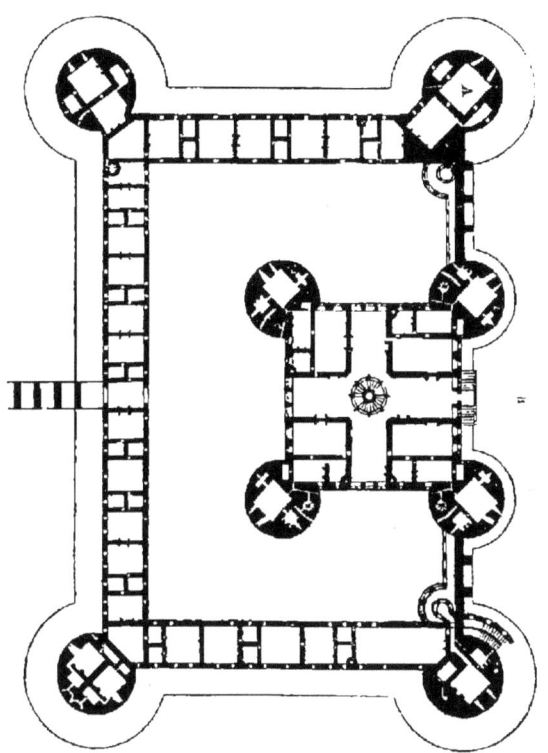

celui de tous les châteaux du moyen-âge. Il se compose, comme eux, d'une vaste enceinte garnie de tours, qui forme le château proprement dit, & d'un pâté de bâtiments situé vers le milieu de l'enceinte, garni aussi de tours, que l'on appelait le *donjon*. La diftinction de *château* & de *donjon* eft fidèlement confervée dans les anciennes defcriptions de Chambord. Au xvıe fiècle, cette ordonnance, anciennement imaginée comme fyftème de défenfe, était encore ufitée, parce que c'était une forme confacrée à laquelle l'habitude faifait conferver fon empire; mais les tours, devenues inoffenfives, n'étaient plus qu'une décoration, fort incommode du refte pour la diftribution des appartements. « Chambord, a dit très-heureufement M. Loifeleur (1) : « eft un château gothique habillé à la mode de la renaif-« fance. »

Le donjon, le morceau le plus important de Chambord, eft divifé en quatre corps de logis par quatre grandes *Salles des Gardes*, ayant plus de treize mètres (40 pieds) de long, fur neuf mètres foixante-quinze centimètres (30 pieds) de large, & formant une croix grecque. « Au milieu & centre, » dit du Cerceau, en fon curieux livre des plus excellens Baftimens de France, « eft vn efcallier à deux montées, percé à « jour, & entour iceluy quatre falles, defquelles l'on « va de l'vne à l'autre en le circuiffant. »

La defcription qui rend le mieux compte de la conftruction de cet efcalier eft celle que M. Loifeleur en a donnée (2). « L'efcalier de Chambord eft à lui feul un « monument. La cage, complètement ifolée & tout à « jour, eft compofée de pilaftres qui fuivent le ram-

(1) *Les réfidences royales de la Loire*, p. 7. Paris, 1863.

(2) *Les réfidences royales de la Loire*, p. 14.

« pant. Deux rampes fuperpofées fe déroulent en hé-
« lices & paffent alternativement l'une fur l'autre fans
« fe réunir. C'eft ce qui explique comment deux per-
« fonnes peuvent monter en même temps fans fe ren-
« contrer, tout en s'apercevant par intervalles. Même
« quand on l'a fous les yeux, cette difpofition eft
« difficile à concevoir. Ces deux hélices ont exacte-
« ment la courbe des deux branches d'un tire-bourre
« qui fe fuperpofent & tournent l'une fur l'autre fans
« jamais fe réunir. Nous croyons qu'aucune compa-
« raifon ne peut donner une idée plus exacte de cette
« œuvre célèbre qui a épuifé l'admiration & les éloges
« de tous les connaiffeurs. »

Le grand efcalier, à double vis, eft, en effet, le morceau capital du château de Chambord ; c'eft un chef-d'œuvre de l'art pour la hardieffe, les belles proportions & la variété des détails. Il faut furtout l'examiner des falles du deuxième étage qui s'harmonient mieux avec lui par la richeffe de la décoration de leurs voûtes, partagées en caiffons fur lefquels font fculptées alternativement des falamandres & des F couronnés (1).

---

(1) On fait que la falamandre était la devife adoptée par François 1er. Claude Paradin nous en fournit l'explication : « La falemandre, dit-il, auec « des flammes de feu, eftoit la « deuife du feu noble & magni- « fique Roy François, & auffi « auparauant de Charles, « comte d'Angoulefme, fon « père. Pline dit que tel bef- « tion, par fa froidure, efteint « le feu comme glace ; autres « difent qu'il veut viure en ice-

C'est au-dessus de ces voûtes, & au niveau des terrasses qui les recouvrent, que s'arrête la double rampe

& commence le couronnement de forme pyramidale, ayant trente-deux mètres (environ 100 pieds) de hau-

« luy, & la commune voix qu'il
« s'en paist. Tant y a qu'il me
« souvient auoir veu vne mé-
« daille en bronze dudit feu
« Roy, peint en ieune adoles-

« cent, au reuers de laquelle
« estoit ceste deuise de la sale-
« mandre enflammée, auec ce
« mot italien : *Nudrisco il
« buono, & spengo [stingo] il*

teur & du plus grand effet. Ce couronnement confifte en huit arcades accompagnées de colonnes & pilaftres d'environ huit mètres de haut, formant une colonnade qui fupporte une autre ordonnance plus élevée, déco-

« reo. » (Je nourris le bon, & j'éteins le méchant). — Voyez Cl. Paradin, *Devifes héroïques*, édit. de 1621, p. 14.

Paradin, comme on le voit, cite cette médaille de mémoire, & je crois volontiers que c'eft la même dont Ch. Lenormant a publié un deffin dans le Tréfor de Glyptique & de Numifmatique, médailles françaifes, 1re part. pl., VI, n° 4. En voici la defcription :

FRANÇOIS · DVC · DE · VALOIS · COMTE · D'ANGOLESME · AV · X · AN · D · S · EA (au Xe an de fon âge). Bufte, à droite, du comte d'Angoulême, depuis François Ier.

R'. N O T R I S C O · ALBVONO · STINGO · ELREO · M · CCCCCIIII. Une falamandre au milieu des flammes. — Ar. & Br.

La légende de la devife de la falamandre enflammée eft donc en vieil italien & non en latin ;

car quel ferait ce latin : *Nutrifco* (pour *nutrio*) & *extinguo* (pour *exftinguo*) ! On lifait même *extinguor* fur le piédeftal d'un François Ier équeftre qui eft refté quelque temps au Louvre, la plus mauvaife ftatue que l'on ait vu de nos jours en France, a dit M. Francis Wey (*Les Anglais chez eux*). L'infcription valait la ftatue, que l'on a brifée.

Le P. Bouhours (*Les entretiens d'Arifte & d'Eugène*, p. 545, Paris, 1683), a donné une autre explication de la devife de François Ier, qui peut être également admife, car les devifes étaient parfois à double entente :
« Ce prince, qui n'avoit pas
« moins d'efprit que de cœur,
« fit luy-mefme fa devife : & il
« voulut marquer par là fon
« courage, ou pluftoft fon
« amour. *Nutrifco* montre qu'il
« fe faifoit un plaifir de fa paf
« fion ; mais *eftingo* peut figni
« fier qu'il en eftoit le maiftre,

rée d'une balustrade & se composant de huit contre-forts dont les amortissements sont ornés de F & de salamandres gigantesques. Ces arcs-boutants soutiennent la continuation du noyau à jour du grand escalier, dans lequel en circule un autre, plus petit, à une seule rampe depuis le niveau des terrasses, & qui conduit à un belvédère surmonté d'une campanille, l'un & l'autre d'une extrême légèreté & d'une grande richesse de détails. Le tout est couronné par une fleur de lys colossale de pierre, qui n'a pas moins de deux mètres de haut. Chaque tour du donjon renferme aussi un escalier à vis, de trois mètres de diamètre, qui communique aux étages & entresols, au nombre de neuf.

Rien ne devait être d'un effet plus original, & plus grandiose en même temps, que l'escalier à double vis & les quatre salles qui l'entourent, si, commme on le croit, les planchers qui séparent ces salles, & coupent d'une manière désagréable l'escalier, n'existaient pas dans l'origine. La vérité de cette tradition locale m'a semblé démontrée par l'examen attentif que j'ai fait de cette partie du monument. Ainsi, il est facile de le voir; le manteau & les chambranles des cheminées placées aux étages supérieurs des salles ont été construits après coup & appuyés seulement aux murailles; on remarque très-bien aussi les raccords faits aux caissons des voûtes des terrasses, pour le passage des tuyaux de ces che-

« & qu'il pouvoit l'éteindre « quand il vouloit : le propre « de la salamandre estant non- « seulement de vivre dans le « feu & de s'en nourrir, mais « encore de l'éteindre. »

minées, & la coupure des baluſtrades de l'eſcalier, pour
donner entrée dans les ſalles. Il ſemble même que les
eſpèces de nefs réſultant de la diſtribution primitive
n'auraient pas été fermées d'abord à leurs extrémités;
les fenêtres cintrées qui les terminent maintenant ſont
moins larges que celles qui les avoiſinent, à droite &
à gauche, l'eſpace s'étant trouvé trop étroit pour
ſuivre les mêmes proportions; les pierres dont elles
ſont conſtruites ne ſortent pas des mêmes carrières
que celles des autres parties du donjon; la différence
de couleur eſt très-ſenſible, & il y a un raccord fort
apparent au point de jonction de la dernière ordonnance des fenêtres avec les voûtes. Il eſt probable
encore que ſi les murailles latérales des grandes ſalles
n'avaient dû être que des murs de refend, on ne leur
eût pas donné l'épaiſſeur qu'elles ont, & qui ſe ſera
trouvée néceſſaire, ſi les quatre pavillons du donjon
n'ont été d'abord réunis que par les voûtes des terraſſes.
Du reſte, le ſtyle des raccords fait voir qu'ils ont été
exécutés de bonne heure, & du vivant même de François 1er, ſoit parce que l'on craignait pour la ſolidité de
l'édifice, ſoit par tout autre motif que nous ignorons.

On dit auſſi que les portes, ouvertes ſur les grandes
ſalles, aux étages ſupérieurs, exiſtaient d'abord, & que
des galeries de bois, auxquelles on montait par des
rampes droites appuyées aux murailles, ſervaient pour
y arriver. Je ne crois pas que cette diſtribution ait jamais été adoptée; les portes que l'on remarque au
niveau des étages ont pu être facilement percées à
l'époque de la conſtruction des planchers, & chaque

tour du donjon renfermant un efcalier, on pouvait très-bien fe paffer de ces rampes, de ces galeries & de ces portes. François 1er ayant fait fubir beaucoup de modifications aux plans de Chambord, fournis en grand nombre, comme on le verra plus bas, & à l'édifice même, il ne ferait pas étonnant que les fouvenirs des uns & des autres fe fuffent confondus dans les traditions des gens du pays.

Dans les angles formés aux points de jonction de la façade & des ailes, du côté de la cour, & aux extrémités d'une galerie fupportée par des arcades, communiquant du donjon aux ailes, s'élèvent deux beaux efcaliers à jour. Ces efcaliers font décorés de trois ordonnances de colonnes, furmontées de trois cariatides foutenant une coupole, ceinte d'une couronne royale coloffale, & au-deffus de laquelle s'élevait jadis une lanterne de pierre terminée par une fleur-de-lys.

Les trois colonnes en faifceau qui foutiennent les voûtes des coupoles font d'un effet très-gracieux. Les travaux de Chambord furent abandonnés avant que l'on eût placé les caiffons de ces voûtes dont la décoration aurait été, d'après le fyftème général compofée de falamandres & de F couronnés, d'un côté, de croiffants & d'H couronnés, de l'autre. On remarque, en haut de l'efcalier du nord & au linteau de la porte des combles, de ce côté, plufieurs fculptures délicates & d'une confervation parfaite.

La plupart des defcriptions de Chambord, & même les premières éditions de ce travail ont propagé une erreur qu'il importe de détruire. On a dit que les cariatides de l'efcalier de la cour de l'eft offraient les traits de François I*er*, de la duchefſe d'Etampes & de la comteſſe de Châteaubriant, & que celles de l'efcalier de la cour de l'oueft, reſtées inachevées, devaient repréſenter Henri II, la ducheſſe de Valentinois & la reine Catherine de Médicis, dont la place aurait été ſingulièrement choiſie à côté de la maîtreſſe du roi. L'inconvenance extraordinaire de l'idée qui aurait porté l'artiſte à repréſenter ſur un monument Henri II entre ſa femme & ſa maîtreſſe, & à faire figurer en cariatides, des rois, une reine & des dames de la cour, m'avait choqué dès le principe; mais je n'avais pas cru devoir révoquer en doute un fait atteſté par preſque tous les écrivains qui m'avaient précédé. En examinant plus attentivement ces cariatides, j'ai reconnu depuis, & tout le monde reconnaîtra comme moi, qu'au lieu de deux ſtatues de femme, ſur l'efcalier terminé, il n'y en a qu'une ſeule, & que ſes traits n'offrent aucune reſſemblance avec ceux qu'on nous a tranſmis de la ducheſſe d'Etampes ou de la comteſſe de Châteaubriant; que les autres ſtatues repréſentent deux hommes portant la barbe telle qu'on la portait ſous François I*er*, mais ne rappellent en rien la figure ſi connue de ce monarque. Il y a tout ſujet de penſer que les cariatides de l'efcalier de Henri II aurait été exécutées ſur le même plan : mais le château de Chambord a toujours ſemblé ſi merveilleux, que les récits qui s'y rattachent ont déjà pris les caractères de la légende, quoique l'époque de ſa conſtruction ſoit encore peu éloignée de nous.

On dit à Chambord, & cela paraît affez vraifemblable, que les ailes de la façade n'étaient d'abord que des terraffes fupportées par les galeries fur lefquelles s'élèvent aujourd'hui des pavillons. Cette ancienne ordonnance était préférable ; elle donnait plus de légèreté aux efcaliers à jour, & devait, en dégageant le donjon, le faire pyramider davantage ; mais fous un climat, froid & humide pendant une partie de l'année, il était raifonnable d'éviter ces longues terraffes & de ne pas fuivre, en tous points, la mode italienne. Dans le nouveau parti pris par l'architecte, on peut, felon la faifon, aller du donjon aux ailes, à couvert ou à découvert.

Un précieux document, publié par A. Salmon, eft venu juftifier la tradition locale (1). C'eft un marché paffé en 1544, pour la conftruction de l'efcalier à jour de la cour de François Ier. Le couronnement de cet édifice devait fe compofer d'une coupole foutenue par fix *termes*, féparant un même nombre de fenêtres. L'idée de couvrir les terraffes par des pavillons, étant fans doute venue vers cette époque & l'efcalier devant être, par conféquent, mafqué du côté du Nord, cela explique pourquoi il n'y eut d'exécuté que trois termes & trois fenêtres (2).

Dans la tour de l'oueft eft pratiquée la chapelle ; fa

---

(1) *Bibliothèque de l'école des Chartes*, tom. III de la 4e férie. Ce document eft reproduit aux *Pièces juftificatives* de la huitième édition de ma notice fur Chambord.

(2) Voir, à la p. 15, la defcription des efcaliers à jour.

voûte à plein-cintre eft foutenue par des arcs doubleaux dont les retombées portent fur des colonnes accouplées, appuyées aux murailles. Cette chapelle, d'une noble fimplicité, eft dans un état de confervation admirable. Elle a été achevée par Henri II. Des falamandres, fur les chapiteaux des colonnes, & des croiffants, fur les chapiteaux des pilaftres qui forment la feconde ordonnance de la décoration de la chapelle, indiquent ce qui appartient à chacun des deux rois dans cette conftruction.

A l'angle formé par la tour du nord & par la façade, eft appuyé, en hors-œuvre, un avant-corps de logis qui renferme, au premier étage, un oratoire, dont la voûte eft ornée de caiffons femblables à ceux des Salles des Gardes du fecond étage, mais dans une plus petite proportion. Cet oratoire eft une des parties les plus élégantes de l'édifice ; il a malheureufement beaucoup fouffert de la double injure de l'humidité & du badigeon.

Une partie des bâtiments qui ferment les cours de toutes parts ne s'élève que jufqu'au premier étage, qui avait été entièrement couvert en manfardes, fous Louis XIV. Le côté du midi a le grand inconvénient de mafquer l'une des façades du château, façade plus pittorefque que celle qui donne fur la rivière (1).

---

(1) Blondel a blâmé auffi ces conftructions, *qui nuifent*, dit-il, à *l'effet pyramidal du monument*. (V. le « Recueil contenant la defcription, les plans, les élévations... du château de Blois, levés par les ordres de M. le marquis de Marigny,

M. de Caumont s'exprime ainsi, à ce sujet, dans son excellent Cours d'Antiquités monumentales (1) :

« Quant à l'enceinte des bâtiments qui enclôt, du
« côté du midi, la cour du château & masque si désa-
« gréablement la brillante façade du monument, elle
« est évidemment d'une époque moins ancienne, &
« bien certainement elle n'était point dans le plan de
« l'architecte. C'est effectivement de ce côté que le
« château se présente dans toute sa beauté ; la partie
« centrale s'avance majestueusement dans la cour, se
« détache, ainsi que les deux ailes, sur le fond des bâ-
« timents, & donne à l'édifice un mouvement, un bril-
« lant que l'architecte se ferait bien gardé de cacher
« par cette ligne monotone de constructions sans inté-
« rêt, qui empêchent de voir le château à une distance
« convenable pour en bien saisir tout l'effet. »

Je crois néanmoins que cette manière de fermer la cour était dans le plan primitif, mais les constructions étant terminées en terrasses masquaient moins la façade du nord. Du Cerceau dit : « Autour de ce corps de logis
« que j'appelle dongeon, est la court régnante en trois
« costez, qui sont fermez de bastimens, dont les bas
« estages seruent d'offices : & le dessus, *ce sont terraces,*

« en 1760, &c., avec quelques
« observations sur les divers mo-
« numents répandus dans les
« villes d'Orléans, Tours, &c. »
(Ms. g. in-fol. de la Biblioth. de l'Institut, n° 125, F.)

(1) Voyez tome V, pages 362 & 363.

« *qui ont efté ainfi ordonnées pour garder les veuës dudit*
« *dongeon* (1). »

J'attache beaucoup d'importance aux obfervations faites fur les différences qui exiftent entre les anciens plans du château de Chambord & l'édifice actuel, furtout dans ce qui regarde le donjon, parce qu'elles me femblent relever le mérite de la conception première du monument.

Treize grands efcaliers règnent de fond en comble fur divers points de l'édifice, & il y en a une quantité d'autres, plus petits, prenant à différentes hauteurs, ou circulant dans l'épaiffeur des murailles. Le nombre des pièces que le château contient s'élève à quatre cent quarante, toutes à cheminées, felon le luxe du temps. D'après une tradition populaire, commune à beaucoup de vieux palais, ce nombre ne ferait que de *trois cent soixante-cinq*, comme celui des jours de l'année. La même tradition donne auffi à l'enceinte du parc de Chambord le chiffre facramentel de *fept* lieues.

Tout l'édifice eft conftruit en pierres de taille tendres, tirées prefque toutes des côteaux du Cher, près de Bourré, dont elles portent le nom. Elles ont confervé leur blancheur, fur laquelle tranche le bleu des médaillons & lofanges d'ardoife, employés dans l'ornementation des combles du monument. Plufieurs chapiteaux, corniches & marches d'efcaliers font en pierre de Liais, d'Apremont & d'autres lieux.

---

(1) Voyez Androuet du Cerceau, *Les plus excellens baftimens de France*, tom. I, fol. 3, verfo. Paris, 1576.

Les chapiteaux, au nombre de plus de huit cents, dit-on, de deffins différents, & les autres fculptures répandues dans le château font, depuis que la Révolution l'a dévafté, les feuls détails à remarquer à l'intérieur, fi fomptueufement décoré jadis de tapifferies, de meubles & de peintures, parmi lefquelles on admirait furtout de belles frefques de la main de Jean Coufin, & une collection de portraits des favants grecs réfugiés en Italie après la prife de Conftantinople. Les fculptures, encore très-bien confervées, pour la plupart, font variées de forme & de deffin ; mais dans toutes fe retrouve trop fouvent un fond commun compofé de falamandres, & de F furmontés de la couronne royale.

Dans les portions du château achevées par Henri II, on remarque l'H & le croiffant couronnés. Nulle part, & c'eft un fait digne de remarque, on ne voit le chiffre du roi enlacé à celui de la belle Diane de Poitiers, quoiqu'il ait été dit le contraire dans beaucoup de notices fur Chambord, & dans les premières éditions de celle-ci.

Je ne dis pas, pour cela, que le croiffant ne fût point une devife à double entente ; mais fi, *myftérieufement*, il rappelait le prénom de la duchefle de Valentinois, *officiellement*, du moins, c'était la devife du roi; on fait que la légende était : *Donec totum impleat orbem* (1). Le foleil de Louis XIV fe voyait naguères

---

(1) « Jufqu'à ce qu'elle [la lune] rempliffe fon *orbe* tout entier ; » par allufion à la pleine lune, devenant de fimple croiffant un difque complet. Henri II voulait dire que fa re-

dans quelques endroits terminés ou modifiés par ce prince, & différents emblèmes royaux subsistent encore sur plusieurs portes épaisses, échappées au vandalisme de 93.

La décoration extérieure du château est composée en entier de pilastres espacés, formant trois rangs d'étages qui soutiennent un entablement d'un travail recherché, mais un peu lourd.

Au reste, ce qu'il y a de plus remarquable dans l'architecture du château de Chambord est la grandeur dans l'ensemble des masses & la fantaisie dans leur distribution, plutôt que l'exécution, en général assez peu délicate, des objets de détail. On n'y trouve point de ces fines & gracieuses arabesques qui grimpent le long du fût des pilastres, encadrent les caissons des voûtes, courent le long des frises des édifices élevés par les maîtres italiens, & imités ensuite par les architectes français. Le style de la Renaissance, emprunté à l'Italie, domine dans le château de Chambord; mais il a conservé une partie des formes de celui qui l'avait précédé, & de ce mélange il est sorti une composition

nommée irait en croissant jusqu'à ce qu'elle remplit le monde. On sait que la légende de l'ordre du Croissant, fondé par le duc René d'Anjou, est le mot LOZ, ce qui signifiait, avec le *corps* de la devise : *Los* (honneur, gloire) *en croissant*. Le croissant, dans la science héraldique, est le symbole de l'augmentation de bien, d'honneur ou de renommée. — Voyez, sur la devise & le chiffre de Henri II, l'article de Ch. Lenormant, dans la *Revue numismatique*, 1841, p. 424 & suiv.

heureufe, originale, qu'on peut regarder comme un des types de la Renaiffance françaife (1).

Il eft à obferver que le luxe de la décoration augmente à mefure que l'édifice s'élève, & que fa partie la plus remarquable, celle où l'architecte a épuifé tous les preftiges de fon art, eft la partie des combles.

C'eft fur les terraffes qui entourent le couronnement du grand efcalier que doivent s'arrêter les curieux, & que doit étudier l'artifte. Là, il faut apprécier l'homme dont le génie a dirigé la conftruction de ce fantaftique édifice. C'eft fur le point le plus difficile à traiter qu'il s'eft plu à répandre tous les tréfors de fon imagination; c'eft là qu'il a imprimé un caractère d'originalité & de grandeur qui n'avait pas eu de modèle & qui n'a pas été imité. Les cheminées, dont la diftribution défefpère tous les architectes, maintenant que l'art dégénéré en fait de longs tuyaux défagréables à la vue, font ici de véritables mo-

---

(1) Dans un travail très-curieux fur l'ancienne abbaye de Thélème, Ch. Lenormant a dit avec raifon que *l'Italie ne prit pied en France qu'après le traité de Cambray, en* 1529, & il a très-bien remarqué, à propos du grand efcalier de Chambord, que l'ordonnance des arcs-boutants & des deux lanternes fuperpofées qui le terminent extérieurement *rappelle plus la hardieffe du ftyle ogival que l'elegante pureté de la Renaiffance.* (Rabelais & l'arch. de la Renaiffance, *Reftitution de l'abbaye de Thélème*, pp. 9 & 25.) — Châteaubriand a remarqué judicieufement, en parlant de Chambord, que s'il venait à être détruit, on ne trouverait nulle part le ftyle *premier* de la Renaiffance (*Vie de Rancé*, p. 75).

numents, groupés avec un bonheur infini, & qui concourent merveilleufement au pittorefque de l'effet pyramidal de l'édifice. Si celui-ci, dans fes parties inférieures, fe rapproche du plan ordinaire des conftructions du moyen-âge, il s'en éloigne totalement & acquiert le plus haut degré de nouveauté dans ce qui compofe le couronnement du donjon & la coupole du grand efcalier, une des pièces capitales de l'architecture civile de la Renaiffance.

On comprend facilement que Charles-Quint, vifitant Chambord, à une époque où il n'y avait encore que le donjon de terminé, ait pu le regarder comme *un abrégé de ce que peut effectuer l'induftrie humaine* (1).

En 1577, l'ambaffadeur des Vénitiens, Jérôme Lippomano, dont les yeux étaient habitués à contempler les merveilleux palais de *Venife la Belle*, ne favait cependant par quelles expreffions rendre compte de fon admiration pour Chambord. « J'ai vu dans ma
« vie, difait-il, plufieurs conftructions magnifiques,
« jamais aucune plus belle ni plus riche. L'intérieur du
« parc dans lequel le château eft fitué, eft rempli de
« forêts, de lacs, de ruiffeaux, de pâturages & de lieux
« de chaffe, & au milieu s'élève ce bel édifice, avec
« fes créneaux dorés, fes ailes couvertes de plomb, fes
« pavillons, fes terraffes & fes galeries, ainfi que nos
« poètes romanciers décrivent le féjour de Morgane

---

(1) Voyez d'Avity, *Defcription générale de l'Europe*, tome II, page 394, de l'édition de 1660.

« ou d'Alcine... Nous partîmes de là émerveillés, éba-
« his, ou plutôt confondus (1). »

« Tout l'édifice eſt admirable, dit le bonhomme du
« Cerceau, & rend vn regard merueilleuſement ſu-
« perbe (2). »

« Car afin, écrit le ſavant André du Cheſne, que
« je ne mette en compte les maiſons de plaiſance, les
« palais & les autres chaſteaux que quelques ſeigneurs
« ont fait baſtir aſſez richement, cettuy-cy, de Cham-
« bord, eſt bien le plus merveilleux en toutes pièces
« rares qu'il y ait guère en l'Europe... Cette maiſon
« royale a ſa veuë juſques ſur la ville de Blois, encore
« qu'elle en ſoit diſtante de trois lieuës, & limitée de
« tous coſtez de prez, eaux & foreſtz. Riche d'un eſcalier
« qui n'a point ſon pareil en la France, pour eſtre tel-
« lement & ſi largement compoſé, qu'un grand nombre
« d'hommes y peuvent monter & deſcendre diverſe-
« ment en meſme temps, ſans s'entrevoir (3), & pour
« eſtre l'un de ſes coſtez induſtrieuſement dérobé de
« l'autre, &c (4). »

(1) *Partiti di queſto luogo, ognuno pieno di meraviglia e di ſtupore, anʒi di confuſione* (Relation des ambaſſadeurs véniṭiens, tom. II, pp. 300-302, dans la *Collection des documents inédits ſur l'Hiſtoire de France*.

(2) *Les plus excellens Baſtimens de France*, t. I, fol. 3, verſo.

(3) *Sans ſe rencontrer;* on peut s'entrevoir. Les deſcriptions poétiques de Chambord, comme on le verra encore, renferment toutes des erreurs de détail aſſez graves : les poètes n'écrivent pas pour les architectes.

(4) *Antiquiteʒ des villes & chaſteaux de la France*, in-8, 1647, p. 268.

Le célèbre architecte Blondel s'exprime ainsi, en parlant de cet escalier : « On ne peut trop admirer la
« légèreté de son ordonnance, la hardiesse de son
« exécution & la délicatesse de ses ornements; perfec-
« tion qui, aperçue de la plate-forme de ce château,
« frappe, étonne & laisse à peine concevoir comment
« on a pu parvenir à imaginer un dessin aussi pit-
« toresque, & comment on a pu le mettre en œuvre (1). »

Je consignerai encore ici plusieurs témoignages de l'admiration, un peu exagérée, qu'a excitée de tout temps la vue de Chambord. Voici la description du château par l'élégant & ingénieux auteur de Cinq-Mars :

« Dans une petite vallée fort basse, entre deux marais
« fangeux & un bois de grands chênes, loin de toutes
« les routes, on rencontre tout à coup un château
« royal, ou plutôt magique. On dirait que, contraint
« par quelque lampe merveilleuse, un Génie de l'Orient
« l'a enlevé pendant une des mille nuits & l'a dérobé
« au pays du soleil, pour le cacher dans ceux du brouil-
« lard avec les amours d'un beau prince. Ce palais est
« enfoui comme un trésor; mais à ces dômes bleus, à
« ces élégants minarets, arrondis sur de larges murs
« ou élancés dans l'air, à ces longues terrasses qui do-
« minent les bois, à ces flèches légères que le vent
« balance, à ces croissants entrelacés partout sur les
« colonnades, on se croirait dans les royaumes de

---

(1) Recueil ms. cité plus haut, p. 12. — On peut voir aussi dans Palladio, livre I, son éloge du grand escalier de Chambord, qu'il traite de *bellissima e nova invenzione*.

« Bagdad ou de Cachemire, fi les murs noircis, leur
« tapis de mouffe & de lierre, & la couleur pâle &
« mélancolique du ciel n'atteftaient un pays pluvieux.
« Ce fut bien un Génie qui éleva ces bâtiments ; mais
« il vint d'Italie & fe nomma le Primatice (1). Ce fut
« bien un beau prince dont les amours s'y cachèrent ;
« mais il était roi & fe nommait François Ier. Sa fala-
« mandre y jette fes flammes partout ; elle étincelle
« mille fois fur les voûtes, comme feraient les étoiles
« d'un ciel ; elle foutient les chapiteaux avec fa cou-
« ronne ardente ; elle ferpente avec les efcaliers
« fecrets, & partout femble dévorer de fes regards
« flamboyants les triples croiffants (2) d'une Diane
« myftérieufe, deux fois déeffe & deux fois adorée
« dans ces bois voluptueux.

« Mais la bafe de cet étrange monument eft comme
« pleine d'élégance et de myftère : c'eft un double
« efcalier qui s'élève en deux fpirales, entrelacées
« depuis les fondements les plus lointains de l'édifice,
« jufqu'au-deffus des plus hauts clochers (3), et fe
« termine par une lanterne ou cabinet à jour cou-
« ronné d'une fleur-de-lys coloffale, aperçue de
« bien loin : deux hommes peuvent y monter enfem-
« ble fans fe voir (4). Cet efcalier, lui feul, femble

(1) Je ferai voir bientôt que cette opinion, partagée par beaucoup d'auteurs, n'eft cependant pas admiffible.

(2) On ne remarque nulle part de ces *triples* croiffants.

(3) L'efcalier double ne va pas au-delà des terraffes.

(4) *En fe voyant par intervalles.*

« un petit temple ifolé ; comme nos églifes, il eft
« foutenu et protégé par les arcades de fes ailes
« minces, tranfparentes, & pour ainfi dire brodées à
« jour. On croirait que la pierre docile s'eft ployée
« fous le doigt de l'architecte ; elle paraît, fi l'on peut
« le dire, pétrie felon les caprices de fon imagina-
« tion. On conçoit à peine comment les plans en
« furent tracés & dans quels termes les ordres furent
« expliqués aux ouvriers ; cela femble une penfée
« fugitive, une idée brillante, qui aurait pris tout-à-
« coup un corps durable, un fonge réalifé (1).

Je tranfcris les lignes fuivantes du Journal de Voyage d'un fpirituel étranger :

« Je ne connais rien à quoi je puiffe comparer
« cette fantaifie en pierre : fymétrie dans les traits
« principaux, peut-être heureufement interrompue
« parce que l'édifice n'a pas été complètement
« achevé ; irrégularité dans la bizarrerie des orne-
« ments, toujours raviffants et du genre le plus varié ;
« une incroyable quantité de petits dômes, de cam-
« panilles, de cheminées de toutes les formes, dont
« partie font revêtues de mofaïques en pierres de
« couleurs variées ; fleurs-de-lys coloffales, génies
« ailés, chevaliers armés de pied en cap, & debout
« fur les tourelles les plus élevées (2) ; enfin la fala-
« mandre royale vomiffant des flammes et ferpentant

---

(1) Le comte A. de Vigny, Cinq-Mars, deuxième édition, tome III, page 243 & fuiv.

(2) Les Genies & les chevaliers font fortis de l'imagination de l'auteur.

« au travers de tout cela, avec le gothique F qu'en-
« toure de nœuds myſtiques le cordon de ſaint Fran-
« çois..... On ne ſe laſſe point de parcourir ce palais
« enchanté, qui vous ſurprend à chaque inſtant par
« un aſpect nouveau ; mais il devient plus fantaſtique
« encore lorſque la lune s'élève à l'horizon : à ſes
« lueurs tremblantes toutes les proportions s'augmen-
« tent, les maſques ſemblent grimacer, les ſtatues ſe
« mouvoir, les aiguilles dentelées ſe changer en
« blancs ſpectres. Je rêvais preſque les yeux ouverts,
« et les ſcènes du paſſé reparaiſſaient vivantes et
« animées devant mes yeux (1). »

La deſcription de Chambord (2) donnée par
Châteaubriand eſt auſſi fantaſtique que le château
lui-même.

« Quand on arrive à Chambord, on pénètre dans
« le parc par une de ſes portes abandonnées... Dès
« l'entrée, on aperçoit le château, au fond d'une allée
« deſcendante. En avançant ſur l'édifice, il ſort de
« terre, dans l'ordre inverſe d'une bâtiſſe placée ſur
« une hauteur, laquelle s'abaiſſe à meſure que l'on
« en approche... Chambord n'a qu'un eſcalier dou-
« ble, afin de deſcendre & monter ſans ſe voir (3). Tout
« eſt fait pour les myſtères de la guerre & de
« l'amour. L'édifice s'épanouit à chaque étage ; les
« degrés s'élèvent accompagnés de petites cannelures

(1) *Journal de voyage du prince Pükler Muſkau*, t. II, pp. 35 & 37.

(2) Vie de Rancé, pages 73 & ſuivantes.

(3) On ſe voit.

« comme des marches dans les tourelles d'une cathé-
« drale. La fufée, en éclatant, forme des dessins fan-
« taftiques qui femblent avoir été retomber fur
« l'édifice... De loin l'édifice eft une arabefque ; il
« fe préfente comme une femme dont le vent aurait
« foufflé en l'air la chevelure ; de près cette femme
« s'incorpore dans la maçonnerie et fe change en
« tours : c'eft alors Clorinde appuyée sur des rui-
« nes... »

Voici la dernière pièce du concours d'admiration, ouvert pour Chambord depuis le XVIe fiècle ; depuis l'auteur des *plus excellens baftimens de France*, jusqu'à celui des *réfidences royales de la Loire*.

« Au bout d'une longue avenue de peupliers, per-
« cée au milieu de maigres taillis, & qui porte, comme
« toutes les routes de cette réfidence, un nom illuf-
« tre, on voit peu à peu poindre & fortir de terre
« un monument féerique qui, furgiffant ainfi au milieu
« de ce fable aride & de ces bruyères, produit un
« effet d'autant plus faififfant qu'il eft inattendu... Au
« fommet d'une maffe impofante de bâtiments, dont
« l'œil ne diftingue pas bien d'abord le ftyle ni l'or-
« donnance, au-deffus de terraffes garnies de baluftres
« élégantes, jaillit, comme d'un fol fécond & inépui-
« fable, une incroyable végétation de pierres fculptées,
« fouillées, travaillées de mille manières. C'est une
« forêt de campaniles, de cheminées, de lucarnes,
« de dômes, de tourelles dentelés, découpés, con-
« tournés avec un caprice qui n'exclut pas l'harmonie
« ni l'unité & que décorent des F gothiques, des fala-

« mandres & auffi des mofaïques d'ardoifes, imitant le
« marbre, pauvreté fingulière au milieu de tant de
« richeffes. L'élégante lanterne à jour du grand efca-
« lier domine cet enfemble de pinacles & de clo-
« chetons & baigne dans l'azur fa fleur-de-lys co-
« loffale, dernier point pyramidant parmi tant de
« pyramides, dernière couronne de tant de couron-
« nements (1). »

« Il faut voir Chambord, s'écrie M. Francis Wey :
« Je n'ai rien de plus à en dire ; car ce qui caufe un
« étonnement véritable, c'eft l'audace qui a lancé
« dans les airs les orfévreries coloffales de ce géant
« des bijoux ; fon afpect de ruine, ajoute-t-il, fon
« abandon conviennent au nom du feigneur actuel, &
« confacrent dans la mélancolique poéfie d'un fym-
« bole ce fief fuprême de la maifon de Bourbon (2).

J'appellerai maintenant l'attention de mes lecteurs sur un point de difcuffion important, que je traiterai ici à fond, parce que perfonne ne l'a fait avant moi. Il s'agit de rechercher fi le château de Chambord eft bien, comme on le croit généralement, l'œuvre du Primatice.

La poftérité a penfé que ce n'était pas trop du patronage de ce nom célèbre pour un édifice auffi magnifique, & ce fait, qui n'eft rien moins que prouvé, a paffé pour conftant parmi les auteurs modernes qui ont parlé avant moi de Chambord. Je ne vois

---

(1) Loifeleur, Les refidences royales de la Loire, p. 4 & 5.

(2) Revue Européenne, tome VIII, page 543, Paris, 1860.

que MM. Gilbert (1) & Vergnaud-Romagnéfi (2), qui aient refufé de fuivre l'opinion commune à cet égard. Le premier fe fonde fur ce que le ſtyle du monument indique *le paſſage du goût gothique à celui de la Renaiſ-ſance*, forme que le Primatice aurait repouſſée pour s'en tenir à l'imitation plus févère de l'art antique. Les motifs de M. Vergnaud sont encore plus concluants et réfultent de la date bien pofitive du premier voyage du Primatice en France, qui eut lieu en 1531, cinq ans après le commencement du château de Chambord, ou même huit, fi l'on accepte la date de 1523 que pluſieurs écrivains lui ont affignée. M. Vergnaud penfe qu'il pourrait bien être l'œuvre du *Roſſo* ou de *maître Roux*, comme on l'appelait en France, Intendant général des bâtiments. Quant au fentiment de quelques anciens auteurs qui attribuent Chambord à Vignole, il ne faurait fupporter l'examen, car cet illuſtre architecte ne vint en France qu'en 1540, époque à laquelle le donjon était terminé (3.)

Aucun des anciens hiſtoriens qui ont parlé de Chambord n'a cité le Primatice; ni du Chefne, dans fes Villes & Chaſteaux de France; ni Bernier, hiſtorien du Bléfois. C'eſt probablement Le Rouge (4) qui le

---

(1) *Notice hiſtorique & deſcriptive du Château de Chambord*, Blois, 1822, p. 7.

(2) *Notice fur le Château de Chambord*, &c., Paris, 1832, p. 10.

(3) Le chapiteau d'un pilaſtre de la coupole porte, sur deux de ses faces, la date de 1533.

(4) *Description de Chambord*, grand in-fol., Paris, 1750, planche 1.

cite pour la première fois, avec l'accent du doute, &
le favant architecte Blondel (1) aura contribué enfuite
par la puiffante autorité de fon nom, à établir la
croyance reçue depuis. Quant à maître Roux, perfonne n'avait encore penfé à lui, & fi M. Vergnaud eft
le premier qui l'ait cité, c'eft que l'efprit de critique
qui le dirigeait ne lui permettant pas d'attribuer Chambord au Primatice, il lui fallait trouver quelque nom
célèbre pour remplacer celui qu'il était forcé de ré-
pudier. Au furplus, aucun de ces auteurs n'apporte de
preuves en faveur de fon fentiment : M. Vergnaud
conjecture feulement que le Roffo, qui dirigeait toutes
les conftructions royales, & d'autres artiftes italiens
dont il était entouré, conçurent et exécutèrent le
plan de Chambord; mais le Roffo, lui-même, n'avait
précédé le Primatice en France que d'une année (2).

Il faut plutôt croire, avec Félibien, Bernier & plufieurs autres, que ce fut l'ouvrage d'un artifte bléfois
dont le nom eft refté longtemps oublié. Je vais donner,
je ne dirai pas des conjectures, mais des preuves à
l'appui de mon affertion.

Voici ce que dit André Félibien à ce sujet dans fes
Mémoires manufcrits fur les Maifons royales de France,
datés de 1681 (3) :

(1) *Architecture françoise*, t. VI, &. Recueil manufcrit de la Bibliothèque de l'Inftitut, p. 8

(2) Voir la Biographie Michaud & tous les écrits qui ont été publiés fur les plus célèbres peintres & architectes.

(3) Ms. in-f° de la Bibliothèque du château de Cheverny, avec les deffins originaux de Félibien, fol. 60 & 61.

« François 1ᵉʳ fiſt faire pluſieurs deſſins pour le
« baſtiment (de Chambord) avant que de rien entre-
« prendre. »

Ici il réfute l'opinion qui l'attribuait à Vignole, par
la date de ſon arrivée en France, en 1540.

« D'autres ont penſé plus probablement que celui
« qui en donna le deſſin et conduiſit l'ouvrage
« eſtoit de Blois et demeuroit dans une maiſon qui
« appartient aujourd'hui à M. de Fougère, parce que
« cette maiſon eſt baſtie du temps et à la manière de
« Chambord, et que ce fut là qu'il fiſt un premier
« modèle du château pour le monſtrer au roy. Il eſt
« vrai que l'on voit encore dans la meſme maiſon un
« modèle de bois aſſez bien taillé, et dont chaque
« face a quatre pieds de long.....

« Ce modèle repréſente *un grand baſtiment carré*
« *ayant quatre tours aux quatre coins & quatre princi-*
« *paux appartements, ſéparez par l'eſcalier & par trois*
« *grandes ſalles qui, avec la place de l'eſcalier, font une*
« *croix.* La quantité de ces pièces, leur diſtribution
« approchent beaucoup de ce que l'on voit d'exécuté
« à Chambord, hormis l'eſcalier du modèle qui eſt
« tout différent.....

« Le modèle a trois étages. Aux coſtez des portes de
« la face de devant, il y a deux eſpèces de petites
« tours à pans, & qui s'eſlèvent juſques au haut du
« baſtiment. Toutes les feneſtres font en arcades.....

« Cependant on doit juger par ce modèle comme les
« premières penſées ne ſont pas toujours ſuivies, mais
« qu'elles ſont très-ſouvent ou rejetées ou rectifiées. »

J'ajouterai que ce modèle en bois, dont le deffin a été donné par Félibien, fait voir que toute la partie extérieure de la conftruction était ornée de pilaftres efpacés, comme dans l'édifice qui fubfifte actuellement. La vue de ce deffin donne encore à penfer que l'on eut d'abord l'intention d'élever feulement le groupe de bâtiments qui reçut enfuite le nom de donjon, quand, les idées du roi, ou celles de l'architecte, s'étant agrandies, on eut ajouté au plan primitif les ailes qui le prolongent & l'entourent. Le château était déjà complet fans cela, & d'après les plans habituels au moyen-âge, la tour du grand efcalier remplaçant le donjon féodal, qui ne fe compofait anciennement que d'une tour plus élevée & plus forte que le refte des conftructions dont elle occupait ordinairement le centre (1).

Bernier s'exprime ainfi dans fon Hiftoire de Blois, publiée en 1682 :

« Quelques-uns ont crû que Vignolles donna le
« deffein de ce baftiment, à quoy il n'y a point du tout
« d'apparence, *mais il eft affuré que celuy qui le donna &*
« *qui le conduifit avoit une maifon à Blois*, qui fubfifte
« encore à préfent au quartier de la Foullerie. On y
« voit mefme des reftes du modèle de Chambord, fait
« de menuiferie..... Il y a encore à Blois chez quelques

---

(1) La tour du donjon était le chef-lieu du fief : les comtes de Blois étaient seigneurs du Blésois, *à caufe de leur tour de Blois*, & le roi de France exerçait la fuzeraineté fur fes barons, *à caufe de fa tour du Louvre*.

« particuliers des plans de tout l'édifice ; mais ils ne
« font conformes ni au modèle dont nous venons de
« parler, ni aux deffeins qu'on voit dans du Cer-
« ceau (1). »

Voilà deux témoignages unanimes, & on doit remarquer que la defcription donnée par Félibien du plan de l'artifte de Blois offre de grands rapports avec le donjon du château actuel. Il y avait de plus, à la vérité *les deux tourelles à pans*, d'un effet peu gracieux, qui auront été fupprimées avec raifon, & il y manque l'efcalier à double rampe ; mais on peut croire que l'idée en vint plus tard à l'architecte & que le modèle en bois n'était, comme le dit Félibien, que fa première penfée qui fut enfuite modifiée.

On doit conclure de tout ceci, que ni le Roffo, ni le Primatice n'ont pu diriger la conftruction du château de Chambord, le premier n'étant venu en France que quatre ans après que l'on eut commencé l'édifice, et le fecond y étant arrivé une année encore plus tard. En outre, on connaît à peu près les travaux exécutés par eux, et l'on n'eût certainement pas omis le château de Chambord dans la lifte. Cet oubli s'accorderait mal d'ailleurs avec la vanité de ces maîtres, qui eft affez connue ; ils n'auraient pas, à coup sûr, négligé de faire parvenir à la poftérité le fouvenir de ce qui eût été auprès d'elle un de leurs titres de gloire. Enfin fi un monument auffi extraordinaire eût été l'œuvre de l'un des maîtres célèbres du xvie fiècle,

---

(1) *Histoire de Blois*, p. 83.

nous le faurions pofitivement aujourd'hui ; l'obfcurité dans laquelle eft refté le véritable auteur fert à nous convaincre que ce fut un homme de la province qui conçut ce bel ouvrage ; la jaloufie des architectes de la cour devait empêcher longtemps le nom de cet artifte modefte de venir jufqu'à nous.

Je fuis heureux de m'appuyer ici de l'autorité du meilleur livre qui ait été publié fur l'architecture françaife : « On prétend, dit M. Viollet-le-Duc, que le
« Primatice fut chargé de la conftruction de Cham-
« bord ; le Primatice ferait-il là pour nous l'affurer,
« nous ne pourrions le croire, car Chambord n'a
« aucun des caractères de l'architecture italienne du
« commencement du xvie fiècle ; c'eft, comme plan,
« comme afpect et comme conftruction, une œuvre
« non-feulement françaife, mais des bords de la
« Loire... C'eft quelque maître des œuvres français,
« quelque Claude ou Blaife, de Tours ou de Blois,
« qui aura bâti Chambord, & si le Primatice y a mis
« quelque chose, il n'y paraît guère. Mais avoir à la
« cour un artifte étranger, en faire une façon de
« furintendant des bâtiments, le combler de penfions,
« cela avait meilleur air que d'employer Claude ou
« Blaife, natif de Tours ou de Blois, bonhomme qui
« était fur fon chantier pendant que le peintre &
« architecte italien expliquait les plans du bonhomme
« aux feigneurs de la cour émerveillés (1). »

(1) Viollet-le-Duc, *Dictionnaire raifonné de l'Architecture* françaife du xie au xvie fiècle, t. III, pp. 186-187. Paris, 1858.

Un de nos architectes nationaux, un de ces praticiens modeftes dont les noms furent éclipfés par ceux des grands artiftes italiens, & que j'ai eu le bonheur de faire fortir de fon obcurité, était *Pierre Nepveu, dit Trinqueau, maiftre de l'œuvre de maçonnerie du baftiment du chaftel de Chambord.* fon nom et fa qualité font exprimés ainfi dans deux actes dont je dus la connaiffance à mon fi regrettable ami et collègue, E. Cartier, d'Amboife (1), & il ne faut pas croire que ce titre de *maître de l'œuvre de maçonnerie* ne comportât pas la valeur que je lui affigne ; de célèbres architectes du moyen-âge font ordinairement défignés comme des *maiftres mâçons.* C'eft le titre donné à Pierre Trinqueau, dans la note des falaires des ouvriers employés à la conftruction de Chambord, de 1536 à 1566, note dont nous devons la confervation à André Félibien (2).

(1) *Terrier de la baronnye d'Amboife*, page 173, cote 258 bis, année 1536, et page 751, cote 1015, année 1537. Selon E. Cartier, Pierre Trinqueau aurait été appelé à Amboife par Charles VIII, lorfqu'il en fit commencer le château, vers 1490 ; il y ferait refté fous le règne de Louis XII ; il y aurait acheté des propriétés, comme le prouve le Terrier d'Amboife, puis il ferait revenu dans le Bléfois pour la conftruction du château de Chambord. Peut-être même ne fut-il pas étranger aux travaux exécutés à celui de Blois, fous le roi Louis XII.

2 Mém. manufc. fur les *maifons royalles de France.* — C'eft auffi le titre de *maiftre maffon* que porte Pierre Trinqueau dans un autre *papier terrier & cenfier de la baronnye terre & feigneurie d'Amboife* que celui dont il eft parlé dans la note précédente, acte du 10 janvier 1536 \ 1537.

On y trouve, de plus, le nom du fucceffeur de Trinqueau, en 1538, Jacques Coqucau, ou Coquereau, *maiftre maçon du Roy*. Ce fut lui qui continua les deux ailes de la façade du château. J'ai déjà cité, page 13, la pièce fi intéreffante, publiée par A. Salmon, qui nous montre Coqueau paffant un marché pour la conftruction de l'efcalier à jour de la cour de François Ier (1).

M. Loifeleur, dans fon livre, très-confciencieux, du refte, fur les réfidences royales de la Loire (2), n'a pas accepté Trinqueau et Coquereau comme des architectes, mais feulement comme des maîtres maçons qui dirigeaient les travaux de Chambord en 1536 & en 1544, date des deux documents originaux cités tout-à-l'heure. Je fuis donc obligé de tranfcrire littéralement les paffages de la note des falaires donnée par Félibien et du marché paffé par Coquereau qui viennent à l'appui de mon opinion. Si M. Loifeleur avait connu la 8e édition de ma Notice, où ces précieux documents font reproduits en entier (3), nul doute qu'un efprit auffi judicieux que le fien, n'eut accepté mes conclufions.

Salaires fous François Ier. — « Pierre Trinqueau, qui « eftoit le maiftre maçon & qui auoit la charge & la

---

1 Cet architecte devait être parent d'un Jean Coqueau, notaire à Amboife, fous Louis XII & avait pu, comme Trinqueau, être formé à l'école des artiftes amenés d'Italie par Charles VIII. (V. E. Cartier, *Effais hift. fur la ville d'Amboife & fon château*, p. 55 à 57.

(2 Voyez page 21.

(3) *Le Château de Chambord*, 8e édition, 1859, p. 122 à 130.

« conduitte des baſtimens, eſtoit payé à raiſon de 27
« ſols 6 deniers par jour.

« Denis Gourdeau, qui auoit la conduitte des traits
« de maçonnerie des dits édifices, 20 ſols par jour;

« Jean Gobreau, maiſtre maçon, ayant auſſy la con-
« duitte d'une autre partie des dits édifices, 20
« ſols (1). »

Salaires ſous Henri II. — « Jacques Coqueau, qui
« eſtoit le maiſtre maçon, eſtoit payé à raiſon de 27
« ſols 6 deniers par jour; mais en 1556 il eſtoit ſur
« l'eſtat à 400 livres de gages, en qualité de maiſtre
« maçon du Roy, pour auoir la conduitte, faire les
« deſſeins & les deuis de la maçonnerie & de la char-
« penterie (2). »

Dans le marché de 1544, paſſé avec ſix *maçons tailleurs
de pierre*, pour la conſtruction de l'eſcalier à jour &
d'autres parties du bâtiment de Chambord, les entre-
preneurs s'engagent envers Jacques Coqueau, *maiſtre
maçon d'iceulx baſtimens édifices*, à faire les travaux *ſelon
.e devis & ordonnance à eulx faicte par le dit maiſtre maçon.*

Non-ſeulement, on doit reconnaître dans Pierre
Trinqueau, *le maiſtre maçon qui avoit la charge & la
conduitte des baſtimens*, un véritable architecte, mais
encore, dans ſes deux auxiliaires, Denis Gourdeau &
Jean Gobreau, d'autres artiſtes, ſes élèves ſans doute,
rempliſſant près du maître le rôle des *inſpecteurs* qui

---

(1) André Félibien, *Mémoires pour ſervir à l'hiſtoire des
maiſons royalles & baſtimens*

de France, folio 63, *verſo.*

(2) And., Félibien, *ibid.*,
fol. 65, *verſo.*

fecondent aujourd'hui nos architectes dans les grands travaux qui leur sont confiés.

Jacques Coqueau, qualifié de *maiſtre maçon du Roy*, qui eut après Trinqueau la conduite de l'œuvre & qui faiſait les *deſſeins & les devis de la maçonnerie & de la charpenterie*, peut-il être autre choſe qu'un architecte?

Les appareilleurs & les ſimples maçons ſont mentionnés dans la note des ſalaires; ils recevaient 6 ſols 3 deniers & 3 ſols 3 deniers. Quant à la déſignation d'*ouvriers* donnée dans ces liſtes de ſalaires, elle comprend les plus grands artiſtes comme les plus minces artiſans. On peut conſulter, à cet égard, l'excellent recueil publié par M. de Montaiglon, & intitulé *Archives de l'art français*. Pierre Nepveu, dit Trinqueau, y eſt accepté comme l'architecte de Chambord (1).

Nous verrons les premiers gouverneurs de Chambord qualifiés de *concierges* du château, les prendrons-nous pour des portiers, comme affectait de le faire le duc de St-Simon, en haine de M. de Saumery (2)

Le nombre conſidérable de châteaux et d'hôtels conſtruits dans le Bléſois & la Touraine, ſous l'inſpiration des magnifiques princes de la maiſon d'Orléans, avaient formé beaucoup d'architectes habiles, dont le

(1) V. *paſſim* & tome V, p. 91. Paris, Dumoulin, 1862.
(2) Mém. de St-Simon, t. II, p. 366 de l'édit. de 1829. — Pacello de Mercoliano, jardinier-concierge du jardin du roi, à Blois, était un chanoine de la collégiale de Saint-Sauveur; Charles VIII, l'avait amené d'Italie à Amboiſe & de là à Blois. (V. mon *Hiſt. du château de Blois*, 4ᵉ & 5ᵉ édit., p. 154).

seul tort était, comme nous le dit M. Viollet-le-Duc, *d'être nés dans notre pays, & de s'appeler Jean ou Pierre* (1).

J'ai été heureux de voir toutes mes conclusions adoptées par un voyageur auffi éclairé que fpirituel, M. Francis Wey.

« Tous ces ouvrages, dit-il, [Azay, Chaumont, Che-
» nonceaux], il faut le reconnaître, font dus à des
» ouvriers, à des maîtres français pour la plupart,
» natifs des lieux qu'ils ont illuftrés & qui n'ont pas
» daigné le leur rendre ; car ces noms font oubliés :
» ceci prouve, non la médiocrité des artiftes, mais le
» grand nombre de ceux qui excellèrent alors.
» D'ailleurs, pour faire valoir les œuvres d'art, n'a-t-il
» pas fallu toujours les attribuer à des étrangers ?

» C'eft ce que l'on a fait pour Chambord, chef-
» d'œuvre unique, dont les eftampes donnent à peine
» une idée, & qui n'a rien d'équivalent ni en France
» ni en Italie. On a attribué à Vignolle, qui n'eft pas
» venu en France avant 1540, Chambord, où l'un des
» chapiteaux de la coupole porte le milléfime 1533 ;
» puis, on en a fait honneur au Primatice, comme fi
» jamais le goût de ce Bolonais s'était prêté à un
» moyen terme entre le genre gothique & l'infpiration
» de l'antiquité. Si l'on voulait indiquer dans la renaif-
» fance un ftyle effentiellement oppofé à l'école du
» Primatice, il faudrait choifir Chambord qui, d'ailleurs,

---

(1) Viollet-le-Duc, *Diction-* *française du XIᵉ au XVIᵉ fiecle*, *naire raifonné de l'architecture* t. III, p. 187, note.

» était depuis fix à huit ans en conftruction quand le
» Primatice eft arrivé à Paris. Auffi, perfonne, avant
» 1750, ne s'eft-il avifé d'attribuer à ce médiocre conf-
» tructeur le plan d'un des monuments qui honorent
» le plus le génie de la France.

» Félibien dit que l'auteur de Chambord était de
» Blois, & M. de la Sauffaye démontre, titres originaux
« en main, que le *maiftre de l'œuvre de maçonnerie du*
« *baftiment du chaftel de Chambord* fe nommait Pierre
« Nepveu, dit Trinqueau.

« A l'appui de cette probabilité, d'une origine blai-
« foife ou tourangelle pour les artiftes de cette époque,
« il fuffit d'une réflexion. Tous les édifices de cette
« période, qui embraffe plus d'un fiècle, du palais à la
« maifonnette, fe reffemblent, dérivent des mêmes
« principes, préfentent le même caractère, & fe grou-
« pent non comme des copies autour d'un modèle,
« mais comme une férie d'originaux diffemblablement
« enfantés par un même fentiment. Dans les rues
« tortueufes des villes, de noires mafures montreront
« des ajuftements de portes, des frifes, des pilaftres,
« des entablements, des lucarnes furtout, établis &
« ornementés dans les exquifes proportions & avec
« la fcience d'ornements qui recommandent Azay,
« Chambord ou Blois.

« Il eft inouï, il femble inexplicable qu'une fi admi-
« rable école d'architecture, la feule tradition
« vraiment belle, avec celles des émaux de Limoges,
« qui, en dehors des lettres, ait honoré la France, fe
« foit écoulée inaperçue de la critique & de l'hiftoire,

« non-feulement quant à fes maîtres, mais dans fon
« enfemble (1). »

On trouve encore une preuve du grand développement que devait avoir acquis l'art dans nos provinces de la Loire, en fe rappelant ces différents modèles préfentés au roi pour Chambord, & qui fe voyaient à Blois du temps de Bernier. Il n'en fubfifte aucun maintenant, & je me fouviens feulement d'avoir vu, il y a bien longtemps, dans la Salle des Gardes du château de Cheverny, un modèle, difparu depuis, des rampes du grand efcalier. Quant à la maifon de l'artifte bléfois, citée par Bernier & Félibien, j'avais cru la reconnaître dans celle qui portait le numéro 5, de la rue du Poids-le-Roi, à Blois. Elle était d'un très-bon ftyle; la façade *à trois étages*, était décorée d'une ordonnance de *pilaftres efpacés*, comme le château de Chambord et le modèle en bois dont parlent nos deux auteurs; mais j'ai découvert fous le badigeon, depuis les premières éditions de ma notice, la date trop récente de 1570, fur l'un des chapiteaux de fes pilaftres. Ce curieux fpécimen de l'architecture du règne de Charles IX vient de difparaître. Blois fe transforme, comme toutes les autres villes; les alignements, les élargiffements des rues & des places n'y laifferont bientôt rien debout des maifons pittorefques du moyen-âge & des hôtels magnifiques de la renaiffance. Malheureufement, l'augmentation des falaires & le morcellement des fortunes ne permettent guère à nos architectes de remplacer

(1) *Revue Européenne*, t. VIII, p. 542, Paris, 1860.

les édifices démolis par des conſtructions qui les faſſent oublier.

J'eſpère que cette longue digreſſion ne paraîtra pas hors de propos dans la bouche d'un Bléſois, puiſqu'elle avait pour but de reſtituer à la province une de ſes illuſtrations, & d'inſcrire aux archives de l'art, le nom de l'architecte d'un de ſes plus merveilleux monuments.

II

HISTOIRE.

CHAMBORD devait être le chef-lieu d'un petit pays, le Cambortais ou Chambortais, dont nous trouvons le nom latin dans la légende CAMBORTESE PAGO d'un *triens*, ou tiers de fol d'or, de l'époque mérovingienne. Il y aurait donc eu, dès cette époque, à Chambord, un domaine royal où l'officier monétaire, qui accompagnait le roi dans fes différentes réfidences, aurait frappé ce triens, en y mettant, felon l'ufage, avec fon nom celui du lieu où la monnaie avait été frappée (1).

(1) Voici la defcription de cette pièce, unique jufqu'à préfent :

LAVNOBODVS MONET. Croix longue dans un cercle perlé ;

℞' CAMBORTESE PAGO. Tête royale avec un bandeau perlé.

(Cf. comte G. de Soultrait, *Statiftique monument. du dép. de la Nièvre*, p. 113).

Comme lieu d'habitation, Chambord remonte à une très-haute antiquité, atteftée par l'exiftence immémoriale d'un pont fur la rivière du Coffon, & par le fouvenir d'une mefure locale pour les grains (1). Le nom de Chambord ou Chambort, felon l'orthographe la plus ancienne, en latin *Chambortum* ou *Cambortum*, le même que *Camboritum*, fe rencontre plufieurs fois dans la topographie gauloife & fignifie *pont fitué à la courbure d'une rivière* (2). En effet, c'eft en face de notre Chambord que le Coffon, après avoir couru du midi au nord, depuis fa fource, forme un coude & prend la direction de l'eft à l'oueft jufqu'à fon embouchure.

Une autre réfidence, moins ancienne fans doute que Chambord, et dont le nom rappelle un poffeffeur germain, Montfrault, *Mons Feraldi*, fe voyait vers l'enceinte du parc de Chambord, à l'endroit où fe trouve

(1) V. p. 50.

(2) Des éléments celtiques, *cam*, courber, être courbe, et *rhyd*, gué, paffage fur un cours d'eau, exiftant fans altération dans *Camborit-um*, aujourd'hui Cambridge, qui fe traduit par Pont fur le Cam, rivière ainfi appelée à caufe de fon cours tortueux. — Cf. irlandais, *cam;* gallois, *camw*, être courbe; grec, κάμπτω; fanskrit, *camar*, courber; gallois, *rhyd*, gué;
paffage; fanskrit, *ritis*, paffage.

J'avais donné une autre origine au nom de Chambord, dans les premières éditions de cette Notice, d'après la forme Chambourg ou Chamborg, adoptée par quelques écrivains des XVIe & XVIIe fiècles; mais, comme il eft évident que la forme Chambord eft la plus ancienne, c'eft d'après celle-ci que toute étymologie doit être cherchée.

aujourd'hui le pavillon de Montfrault (1). A ce lieu se rattache une tradition, auffi d'origine germanique, femblable à celle du *Chaffeur Noir*, fi répandue dans le nord de l'Europe, & empruntant dans chaque pays le nom de quelque perfonnage redoutable qui l'habitait à une époque reculée, et dont la mémoire fubfifte encore. Lorfque le craintif Solognot, dont le pied a foulé *l'herbe qui égare*, fe trouve vers minuit près du pavillon de Montfrault, il eft expofé à rencontrer la figure effrayante d'un chaffeur nocturne, habillé de noir & accompagné de chiens noirs, qui n'eft autre que Thibault de Champagne, dit le *Vieux* ou *le Tricheur*, premier comte héréditaire de Blois, & l'un des types les plus complets de ces barons de fer des premiers temps de la féodalité. C'eft encore lui que, pendant les belles nuits d'automne, on entend partir, à grand bruit d'hommes, de chevaux, de chiens & de cors, pour chaffer à travers les airs jufqu'aux ruines du château de Bury (2), où fe fait la halte, & d'où il

---

(1) Dans plufieurs chartes, le nom de ce château eft ainfi orthographié : *Montferaut*, ce qui l'a fait prendre par le favant Duchefne, dans fon Hiftoire de la maifon de Châtillon, pour la ville de *Montferrant* en Auvergne. (Cf. le *Catalogue du fonds Jourfanvault*, à la Bibliothèque de Blois, par J. de Pétigny, notamment les nos 81 & 99, années 1343 & 1345).

(2) Bury était un magnifique château qu'a détruit la main des hommes. Les conftructions dont on voit maintenant les ruines avaient été élevées par Florimond Robertet, fecrétaire d'Etat fous François Ier; mais il y avait antérieurement, & à la même place, une ancienne forterefse dont il eft queftion dès

46 LE CHATEAU

revient enfuite à Montfrault. Les mêmes bruits qui fe font fait entendre au départ continuent pendant tout

l'an 1148, dans les guerres des comtes de Blois & des feigneurs de Chaumont-fur-Loire. (Cf. *Acheri Spicil.*, t. III, éd. in-f°, une excellente Notice de M. Naudin, aux *Mem. de la Soc. acad. de Blois*, t. II, & l'article confacré à Bury dans ma 3ᵉ édit. du *Guide hiftorique à Blois et aux environs*, p. 250.)

le temps de la chaſſe aérienne, ſans que l'on puiſſe apercevoir ni chevaux, ni chiens, ni chaſſeurs (1).

Les plus anciens documents hiſtoriques, relatifs à Chambord, ne remontent pas au-delà du xii⁰ ſiècle, époque à laquelle le château appartenait aux comtes de Blois de la maiſon de Champagne. Nous trouvons d'abord deux chartes, dont la copie nous a été conſervée par dom Houſſeau, & qui furent délivrées à Chambord par Thibault-le-Bon, comte de Blois. La première, datée de 1183, accorde au deſſervant de la chapelle du château un muid de froment & un muid de ſeigle de rente, aſſignés ſur le revenu de Chambord, la moitié de la dîme de Montlivault et la dîme du foin & des moulins de la terre. De plus, on délivrait au chapelain, chaque fois que le comte ſéjournait à ſon château, quatre pains de ſa table ou deux deniers, une demi-bouteille de vin, deux bûches de la cuiſine, de la viande ou deux deniers, ſix chandelles, du bois & de l'huile pour l'entretien de la chapelle ; à la venue de la comteſſe de Blois, & le premier jour ſeulement, il recevait une demi-livraiſon des choſes précitées. Dans la ſeconde charte, datée de 1189, Thibault renonce pour lui & ſes héritiers au droit de prendre des *coites*, ou lits de plumes, chez les habitants de

---

(1) Cette chaſſe nocturne qui porte dans le pays le nom de *Chaſſe du comte Thibault*, & auſſi celui de *Chaſſe-Machabée*, rappelle la *danſe macabrée* ou *macabre*, qui eut tant de popularité dans le moyen-âge. La Touraine a ſa *Chaſſe du roi Hugon*, le Poitou, ſa *Chaſſe-Galerie*, &c.

Chambord & des environs (1). Une autre charte, donnée à Millançay, en 1190, accorde au chapelain de Chambord deux muids de vin à prendre dans le cellier du comte, au temps de la vendange.

Ce chapelain était fans doute l'un des chanoines d'une collégiale qui exiftait déjà à Chambord (2) & dépendait des religieux de N.-D. de Bourg-Moyen de Blois ; cette collégiale fut fupprimée par François Ier.

L'an 1211. Catherine de Clermont, veuve du comte de Blois, Louis de Champagne, tué en 1205 à la bataille d'Andrinople, fignait une charte à Chambord, par laquelle elle reftituait à la corporation des changeurs de la ville de Blois les *étaux*, ou boutiques, dont elle avait difpofé en faveur d'individus étrangers à la corporation, pendant qu'elle administrait le comté en la minorité de fon fils, Thibault VI, ou *le Bon* (3). Les auteurs de l'Art de vérifier les Dates fe bornent à dire qu'elle vivait encore en 1208 ; l'acte que je cite

---

(1) C'eft ce qu'on appelait le *droit de prife*. La valeur des objets ainfi enlevés était rembourfée à leurs propriétaires (Collection de dom Houffeau, t. XII, *ex cartul. abbatiæ de Burgomedio Blefenfi* : ms. de la Biblioth. impériale). Ce sont probablement ces chartes dont veut parler Bernier dans fon *Hiftoire de Blois*, à l'article de Chambord, p. 82. Les archives de Loir-et-Cher renferment une autre charte de 1188, relative à la dîme des moulins.

(2) V. And. Félibien, *Mém. mss. sur les maifons royalles de France*, fol. 60, *recto*.

(3) *Cum tenerem regimen & dominium terræ Blefis*. — Les *étaux* des changeurs étaient fitués dans le quartier de Blois appelé encore aujourd'hui *le Change*.

prouve qu'elle vivait encore en 1211, mais qu'elle s'était retirée à Chambord, après avoir remis le gouvernement du comté de Blois à fon fils (1).

En 1218, par une autre charte, datée de la Ferté-Villeneuil, Thibault VI accordait au prieuré de Notre-Dame de Chambord un droit de chauffage (2).

Le comté de Blois paffa de la maifon de Champagne à celle de Châtillon, en 1230, par le mariage de Marie d'Avefnes, petite-fille de Thibault-le-Bon, avec Hugues de Châtillon, comte de Saint-Pol.

Une charte, datée de 1233, nous apprend que Montfrault & fes dépendances avaient été fans doute abandonnés à la maifon de l'Aumône (l'Hôtel-Dieu) de Blois; car nous y voyons que Gauthier d'Avefnes & Marguerite fa femme, fille de Thibault VI, l'obtenaient de l'Aumône, par échange contre huit muids de froment de rente.

Jean de Châtillon, fils de Hugues, mourut à Chambord le 5 mai 1280; fon corps fut porté proceffionnellement jufqu'à l'abbaye de la Guiche qu'il avait fondée, à trois lieues de Blois, fur la rive droite de la Loire. Le convoi dura deux jours; il était fuivi par Pierre de France, gendre du comte de Blois, par le duc d'Alençon, par plufieurs autres puiffants feigneurs & par les abbés des principaux monaftères des environs. Les frais des funérailles s'élevèrent à 35,000 livres,

(1) J. de Pétigny, Catal. du fonds Jourfanvault de la Bibliothèque de Blois, n° 5.

(2) Archives départementales de Loir-et-Cher, liaffe de Chambord.

selon les regiſtres de l'abbaye de la Guiche, ſomme évidemment exagérée, à moins que, dans ces regiſtres, qui ſont aſſez modernes, on n'ait converti en monnaie du temps la ſomme dépenſée en 1280 (1).

Le fils de Jean de Châtillon, Hugues II, mort en 1307, inſtitua le pont de Chambord un de ſes légataires. Il l'avait porté ſur ſon teſtament, avec tous les autres ponts du Coſſon, pour une ſomme de cent ſous tournois (2).

Les ſouvenirs hiſtoriques relatifs à Chambord ſont rares avant l'époque de François Ier. Je ne trouve rien à recueillir depuis 1307 juſqu'à 1356. Une lettre datée du 26 juillet de cette année, & conſervée à la bibliothèque de la ville de Blois, nous fait connaître pour la première fois le nom & le titre de la perſonne

---

(1) Le marc d'argent ne valant que 54 ſous en 1280, les 35,000 livres dépenſées pour les funérailles du comte Jean repréſenteraient environ 700,000 fr. de notre monnaie.

Depuis l'inhumation de Jean de Châtillon, l'abbaye de la Guiche devint le lieu habituel de ſépulture des comtes de Blois de la même maiſon. Les tombeaux qu'elle renfermait furent violés & mutilés, à deux fois différentes, par les calviniſtes, pendant les guerres de religion, & en 1793. Deux d'entre eux ont pu être reſtaurés par les ſoins de feu M. Pardeſſus, notaire du domaine de Chambord & propriétaire de la Guiche ; l'un eſt celui du fondateur, l'autre, celui de Guy de Châtillon, premier du nom.

(2) En 1307, le marc d'argent valait 3 fr.; il en vaut aujourd'hui 54 (fractions négligées); par conſéquent, la livre de 1037 repréſente 18 fr. de nos jours, & les 100 s. tournois vaudraient environ 90 fr.

chargée de la garde du château. Dans cette lettre, le fieur de Bécond, gouverneur de la comté de Blois, annonce à Hugues de Barbançon, *châtelain* de Chambord, l'envoi de plufieurs foldats, pour la garde du château, & le prie de lui en renvoyer d'autres en échange (1). Le royaume était alors ravagé par les armées anglaifes & les *grandes compagnies;* le château de Chambord, comme celui de Blois, avait dû être mis en état de défendre les approches de la Loire.

Une quittance, confervée également à la Bibliothèque de Blois, & datée de 1359, mérite d'être citée, parce qu'elle fe rapporte à la mefure locale pour les grains, dont j'ai parlé plus haut. Il y eft queftion d'une rente, due par le comte de Blois fur les moulins de la Chauffée-le-Comte (2), de *cinq feptiers de moufturanche à la mefure de Chambort* (3).

Des prifonniers anglais furent enfermés dans le château, cette même année, ainfi que nous l'apprend une autre pièce de la même collection (4).

Le fonds Jourfanvault de la bibliothèque de Blois nous fournit les noms de plufieurs châtelains fucceffifs de Chambord, depuis 1356 jufqu'en 1400. Ce furent, après Hugues de Barbançon, Regnault de Plainvilliers

---

(1) Bibliothèque de la ville de Blois, fonds Jourfanvault, n° 264 *bis*.

(2) Village fitué à l'une des portes du parc de Chambord.

(3) Biblioth. de Blois, fonds Jours., n° 371. V. p. 44.

(4) Biblioth. de Blois, fonds Jourfanvault, n° 4 de Chambord.

(1359-1361), Guillaume de Mofne (1362-1363), Jehan Vigreux (1366-1383) & Gilleton Vigreux (1392-1400) (1). Les trois premiers recevaient trente écus d'or de *gages* par année, & le quatrième, quarante livres; mais à la condition de payer toute la dépenfe néceffaire pour la garde du château (2). Il eft probable que cette claufe exiftait pour les autres châtelains, quoiqu'elle ne fe trouve énoncée que dans une feule pièce (3).

En 1397, le château de Chambord entre, avec le comté de Blois, dans la poffeffion de la maifon d'Orléans, par la mort de Guy de Châtillon, qui avait vendu fon comté à Louis d'Orléans, frère du roi Charles VI.

(1) Bibliothèque de Blois, fonds Jours., aux ann. citées.

(2) « Pour garder le dit « chaftel de Chambort à mes « fraiz. » Biblioth. de Blois, fonds Jourfanvault, n° 612 *bis*.

(3) Les écus d'or, ou plutôt les deniers d'or à l'écu, de 54 au marc, à la fin du règne de Jean, vers 1360, étaient tarifés à 26 fr. Ainfi, les 30 écus d'or valaient 39 livres de monnaie courante. Ces écus furent remplacés par des francs d'or de 63 au marc courant pour 20 s. Les *gages* de 40 l. ou de 40 fr. d'or, fous Charles V, qui remit les monnaies fur un bon pied, valaient donc plus que les 30 écus d'or de Jean ou leur équivalent de faible monnaie. La valeur intrinsèque actuelle des 30 deniers à l'écu ferait de 400 fr. environ, & 40 fr. d'or, ou 40 royaux, de Charles V, ou des premières années de Charles VI, repréfentent aujourd'hui à peu près 500 fr.

Sous les ducs d'Orléans, nous n'entendons plus parler de châtelains de Chambord, mais feulement de *capitaines*, & nous trouvons fucceffivement les noms de Macé de Villebrefmes 1416-1419), Loys de Villars (1420), Philippe du Mefnil-Regnard (1420-1428), Guillaume Gueret (1434-1440), Hemery (1448), Jehan Davy (1448-1450), Gilles des Ourmes (1457), Loys de Villars (1480) & Macé de Villebrefme (1492-1496) (1). Les gages de ces capitaines n'étaient que de dix livres par an (2).

En 1424, Gacian de Saint-André, maître de l'artillerie du duc Charles d'Orléans, alors prifonnier en Angleterre, envoyait à Philippe du Mefnil-Regnart *ung canon portant pierre de quatre liures pefant, quatre lances ferrées et afuſtées, une caſſe de viretons de trait communs, pour la feureté & défenſe du chaſtel de Chambord* (3). Les Anglais avaient alors envahi prefque tout le territoire français ; les derniers moyens de réfiſtance étaient concentrés dans Orléans & les provinces fituées fur la

---

(1) Bibliothèque de Blois, fonds Jourfanvault, aux années citées.

(2) De 1416 à 1496, les monnaies ont tellement varié, qu'il eſt difficile d'apprécier exactement la valeur actuelle de 10 l. d'alors. Le prix moyen du marc d'argent pouvant être eſtimé à 9 l. ou fix fois moins qu'aujourd'hui, les 10 livres repréfenteraient environ 60 fr. de notre monnaie.

(3) Biblioth. de Blois, fonds Jourfanvault, à l'année 1424.

Les projectiles de pierre étaient alors à peu près les feuls en ufage pour les armes à feu non portatives ; les *viretons de trait* étaient des flèches.

rive gauche de la Loire. Chambord fut une des forteresses qui maintinrent libre cette rive du fleuve & permirent à l'armée de Jeanne d'Arc d'arriver fous les murs d'Orléans.

En 1498, Chambord fut réuni au domaine de la couronne, lorfque Louis d'Orléans, vingt-troifième comte héréditaire de Blois, monta fur le trône de France, fous le nom de Louis XII. Chambord était alors abandonné & ne fervait plus que de rendez-vous de chaffe. La maifon de plaifance des anciens comtes de Blois n'était, comme on l'a vu, qu'un château-fort, felon l'ufage & la néceffité des temps où elle avait été conftruite. Les murailles épaiffes & les galeries obfcures de la vieille conftruction féodale ne pouvaient offrir rien d'agréable aux brillants princes de la maifon d'Orléans. Leur goût, éclairé par leurs rapports fréquents avec l'Italie depuis le mariage de Louis, aïeul de Louis XII, avec Valentine de Milan, leur faifait rechercher des habitations plus élégantes, & bâties dans le ftyle pittorefque de la Renaiffance.

Les hiftoriens varient fur la date de la reconftruction du château de Chambord par François Ier; quelques-uns penfent qu'il la fit commencer en 1523 (1), & d'autres que ce fut en 1526 (2), après fon retour de

---

(1) Le Rouge, Merle, ouv. cit.
(2) Félibien, Bernier, Gilbert, Vergnaud-Romagnéfi, ouv. cit.

captivité. Cette date eſt fixée inconteſtablement par les lettres-patentes données à Chambord, le 1er octobre de la même année, pour la nomination de meſſire Baſtard de Chauvigny, ſeigneur de Murat, comme intendant général des travaux, aux *gages* de 1,200 livres, & de meſſire Raymond Forget, ſecrétaire de la reine de Navarre, comme tréſorier & payeur général, avec les mêmes appointements (1).

Par d'autres lettres-patentes, données à Paris le 23 juin 1528, le roi commit Anthoine de Troies, pour *faire le controlle de la dépenſe des baſtimens*. Ses *gages* furent réglés à 365 livres par an. Il quitta le contrôle en 1536, parce que, le 29 mars de cette année, il avait paſſé, pardevant Landry, notaire à Tours, avec Philbert Babou de la Bourdaiſière, intendant des bâtiments de Chambord, un marché pour la conſtruction des tours & pavillons du donjon. Pierre Trinqueau lui ſuccéda & exerça cet emploi juſqu'à ſa mort, arrivée le 26 août 1538. Le 10 avril de l'année ſuivante, Jean Groſſier fut nommé contrôleur (2).

Remarquons, en paſſant, que ſi Trinqueau avait été un maître-maçon, dirigeant ſeulement une partie des travaux, comme le veut M. Loiſeleur (3), il n'eût pas été pourvu du contrôle. En effet, nous voyons Anthoine de Troies en être privé, dès qu'il ſe charge de l'entrepriſe des tours & pavillons du donjon.

---

(1) And. Félibien, *Mém. manuſc. pour ſervir à l'hiſt. des maiſons royalles*, fol. 62, recto.

(2) And. Félibien, ouv. cité, fol. 62, verſo.

(3) Voir plus haut, p. 35.

Jacques Coqueau, appelé auffi Jacob Coquereau par Félibien, fuccéda à Trinqueau comme architecte ; le gouverneur du château & lui rendaient compte à Babou de la Bourdaifière de tout ce qui regardait les conftructions ; *pour cet effet, ils luy envoyoient* (1541) *homme exprès à Fontainebleau où la cour eftoit* (1).

Si l'on s'étonne de voir François Ier choifir pour la belle conftruction qu'il projetait un lieu auffi trifte & auffi fauvage, tandis qu'à peu de diftance les riches coteaux de la Loire offraient une multitude de pofitions admirables, il faut fe rappeler la paffion de ce prince pour la chaffe, & auffi une autre circonftance d'un grand pouvoir fur l'efprit du roi-chevalier : le fouvenir des vifites qu'il faifait, n'étant encore que comte d'Angoulême, au manoir de la belle comteffe de Thoury, fitué dans le voifinage, fouvenir de premières amours. Il fit ainfi bâtir le château de Challuau, *à caufe qu'aux bois prochains il y avoit grande quantité de cerfs* (2), & le pavillon de Folembray dut fon origine au fouvenir d'une conquête amoureufe du roi (3).

François Ier pouffa avec une grande activité les travaux de Chambord, & dix-huit cents ouvriers y furent employés, dit-on, pendant plus de douze ans (4). Les Mémoires manufcrits d'André Félibien renferment des détails curieux fur les dépenfes faites pour la conftruc-

(1) A. Félibien, fol. 63, *recto*.
(2) Du Cerceau, *Les plus excellens baftimens de France*, t. II, p. 7.
(3) Merle, *Chambord*, page 13.
(4) Bernier, *Hift. de Blois*, p. 82.

tion de l'édifice. On y voit que les sommes employées depuis 1526 jusqu'en 1547, année de la mort de François Ier, s'élevèrent à 444,570 livres 6 sous 4 deniers tournois. Les maçons gagnaient 3 sous 2 deniers par jour ; les charpentiers, 4 sous 2 deniers ; les charrois à trois chevaux étaient payés 15 sous ; ces chapiteaux, dont la variété des ornements est si admirée, coûtaient 27 sous à faire sculpter ; les losanges des vitraux étaient payées 10 deniers la pièce. Combien donneraient aujourd'hui les curieux de celui sur lequel était gravé le distique si connu : *Souvent femme varie*.....? « Pierre « Trinqueau, qui estoit le maître maçon (1) & qui « avoit la charge & la conduitte des bastimens, estoit « payé à raison de 27 sols 6 deniers par jour (2). »

Au surplus, ces divers salaires, qui nous paraissent si faibles aujourd'hui, étant convertis en monnaie actuelle, eu égard à la différence de valeur du marc d'argent & à celle du prix des denrées, représenteraient des sommes plus rapprochées de celles qu'il faudrait dépenser de notre temps pour élever un édifice semblable à celui de Chambord (3). S'il y avait de véri-

---

(1) C'est-à-dire l'architecte. V. plus haut, p. 34-36.

(2) A. Félibien, fol. 63, *verso*.

(3) La valeur moyenne du marc d'argent étant de 14 fr. sous le règne de François Ier, & de 54 fr. 40 c. aujourd'hui, la somme de 444,570 l. 6 s. 4 d., dépensée par François Ier dans la construction de Chambord, équivaut à celle de 1,727,473 f. 20 c. Les 3 s. 2 d. que se payait la journée d'un maçon, représentent 61 c.; les 27 sous que coûtait la sculpture des chapiteaux feraient aujourd'hui 5 fr. 20 c.; les losanges des fenêtres vaudraient environ 88 c., &c.

tables difficultés à l'entreprendre, elles ne réfulteraient que de la rareté des bois de conftruction, car la nouvelle renaiffance architecturale qui s'accomplit de nos jours a créé un grand nombre d'ouvriers habiles, pour l'exécution de cette multitude de détails variés que comportait l'ornementation des édifices du XVIe fiècle.

Les appartements de François Ier étaient dans l'aile d'Orléans, ainfi appelée du nom de la famille d'Orléans qui l'habita depuis. Les ornements de fculpture font plus nombreux dans cette aile que dans les autres parties de l'édifice, & le roi affectionnait furtout la tour qui la termine. Là fe trouve cet avant-corps de logis dont j'ai parlé plus haut (1), & qui femble avoir été ajouté après coup; on y remarque un efcalier à deux montées, dans une galerie fouterraine au-deffous de l'oratoire, & communiquant, par une iffue fecrète, avec les foffés du château. La terraffe qui furmonte ce petit édifice, & qui tenait à la chambre à coucher du roi, était un des lieux du château qui lui plaifaient le plus : il aimait à y venir, dans les belles nuits d'été, paffer plufieurs heures à devifer avec quelques dames & feigneurs de fa fuite que l'on appelait *la petite bande de la cour* (2). Les efcaliers fecrets, les galeries obfcures ont été fans doute multipliés à deffein, de ce côté du château, afin de protéger les intrigues amou-

---

On peut évaluer à 2 fr. 50 c. le fetier de blé fous François Ier.

(1) V. p. 14.
(2) Merle, *Chambord*, p. 45.

reufes & les rendez-vous myftérieux de la cour de François Ier.

Quand Charles-Quint traverfa la France, en 1539, il vit Chambord & j'ai déjà cité les expreffions de fon admiration. « Il y paffa quelques jours, dit d'Avity, « pour la delectation de la chaffe aux daims qui « eftoient là dans un des plus beaux parcs de France, « & à très grande foifon (1). »

Claude Chapuis, valet de chambre du roi, dans fon poëme fur le voyage de Charles-Quint en France, a confacré ces mauvais vers au féjour de l'empereur à Chambord :

> « Et de Chambort le chafteau magnificque
> « Qui des ouvriers a vaincu la praticque
> « Et l'induftrie, & qui eft de nature
> « OEuvre jugé plus que d'architecture,
> « Pour l'empereur en fes falles fuperbes,
> « Brufle fenteurs & répand fleurs & herbes (2). »

François Ier, dans les dernières années de fa vie,

---

(1) Bernier, *Hift. de Blois*, p. 82.

(2). V. les *Mém.* de du Bellay, t. VI, p. 409 de l'édit. de 1753, aux Pièces juftificatives. — Dans une lettre de François Ier au connétable de Montmorency, n° 123 du Catalogue de M. G***, vendue par Techener, le 3 février 1846, le roi apprend avec plaifir que le connétable *a été vifiter le château de Chambord*, afin de le mettre en bon état *pour la venue de l'empereur*. Cette lettre eft datée de Melun, le 15 novembre 1539. Elle a été publiée dans les *Mémoires d'Eftat* du Bléfois Guillaume Ribier. Paris, 1666, t. I, p. 87.

visitait souvent Chambord, accompagné de sa sœur, la reine de Navarre, qu'il appelait *la Marguerite des Marguerites* (1), & pour laquelle il eut toujours la plus grande tendresse. Elle le quittait rarement alors ; son esprit délicat & enjoué était une source de distraction pour le roi, vieilli avant l'âge, & sujet à de fréquents accès de mélancolie. Elle était avec lui lorsque, dans un de ces moments d'humeur sombre, se rappelant le temps où ses succès auprès des femmes étaient plus sûrs & plus durables, il écrivit sur le vitrail d'un cabinet, près de la chapelle, avec la pointe d'un diamant qu'il portait à son doigt, ces deux vers si souvent cités depuis :

« Souvent femme varie,
« Mal habil qui s'y fie (2). »

On dit que Louis XIV, dans une disposition d'esprit différente, parce qu'il était alors jeune et heureux, sacrifia à madame de la Vallière les vers satiriques du roi vieux et désabusé.

A défaut de ce précieux autographe, j'ai cru reconnaître sur les murs du château le nom même de son royal fondateur, gravé de sa main. J'avoue que l'écriture n'est pas absolument semblable à la signature de François Ier, mais quand on veut graver profondément son nom sur la pierre on est forcé de modifier les ca-

---

(1) *Margarita*, en latin, signifie *perle ;* du grec, Μαργαρίτης.

(2) Bernier, *Hist. de Blois,* p. 85.

ractères cursifs d'une signature. Quoi qu'il en soit, voici cette signature & la date 1541 qui l'accompagne :

M. Loiseleur a cité, au sujet du distique *Souvent femme varie*, un passage curieux de Brantôme qui avait échappé à mes recherches & que je suis heureux de reproduire :

« Il me souvient, dit-il, qu'une fois, m'estant allé
« pourmener à Chambord, un vieux concierge, qui
« estoit céans & auoit été valet de chambre du roy
« François 1er, m'y reçut fort honnestement, car il
« auoit dès ce temps-là connu les miens à la cour &
« aux guerres, & luy-mesme me voulut montrer tout ;
« & m'ayant mené à la chambre du roy, il me montra

« un efcrit au cofté de la feneftre : *Tenez*, dit-il, *lifez*
« *celà, Monfieur; fi vous n'auez veu de l'efcriture du roy,*
« *mon maiftre, en voilà.* Et l'ayant leu, en grandes
« lettres il y auoit ce mot : *Toute femme varie.* »

« Il en réfulte, ajoute M. Loifeleur, que la fameufe
« infcription ne fe lifait pas *dans un cabinet joignant la*
« *chapelle*, comme cela eft imprimé partout, mais
« bien dans la chambre du roi ; qu'elle était écrite au
« côté de la fenêtre, ce qui doit très-probablement
« s'entendre, non d'une vitre latérale, mais de l'em-
« brafure même de la fenêtre, & qu'enfin elle ne
« confiftait pas en deux vers, mais en trois mots (1). »

Je tire de ce paffage d'autres conclufions que M. Loifeleur ; je ne fupprime pas le diftique & je ne regarde
pas Brantôme « comme le feul écrivain qui ait parlé *de*
« *vifu* de l'infcription tracée par François Ier (2). »

« *L'on y voit* [à Chambord], dit Bernier, dans un
« cabinet joignant la chapelle, cette rime, que je
« prends pour le fruit de quelque dépit amoureux,
« écrite fur un carreau de vitre, avec un diamant, de
« la propre main de ce prince (3). » N'eft-ce pas là
un témoignage *de vifu ?* Bernier était d'autant mieux
placé pour vérifier l'anecdote qu'il a rapportée, que
fa charge de médecin de Madame le conduifait à
Chambord chaque fois que la cour de Gafton d'Orléans y faifait un féjour (4).

(1) *Les réfidences royales de la Loire*, p. 28 & 29.
(2) *Ibid.* p. 28.
(3) *Hiftoire de Blois*, p. 82.
(4) Bernier, dans fon *Juge-ment fur Rabelais*, p. 200, a

Je crois que la première expreffion de la boutade royale confifta dans les trois mots cités par Brantôme, qu'il lui donna enfuite une forme poétique & l'infcrivit fur une vitre de la chapelle, ou plutôt de l'oratoire qui était à côté de fes appartements. C'eft même à l'une des croifées de cet oratoire que la tradition locale place ce fameux diftique ; la chapelle n'était pas encore terminée à la mort du roi (1). Voici une autre variante poétique de cette boutade ; elle termine un couplet de chanfon dont les paroles & la mufique font de François Ier.

> « Qui veult du tout fon fervice perdre,
> « Vieil homme, enfant, ou femme ferve :
> « L'homme fe meurt, l'enfant oublie,
> « En tout propos femme varie (2). »

On le voit, le reffentiment du roi contre l'inconftance des femmes était profond & revenait fouvent à fa penfée ; je demande grâce pour le diftique de Chambord.

---

répété l'anecdote à peu près de la même manière : « On voit une plainte du roi François Ier, écrite avec un diamant fur une vitre de Chambord, en ces termes..., ce qui fut fans doute la fuite de quelque dépit & mécontentement amoureux. »

(1) V. plus haut, p. 14.

(2) *Chanfons & motets en français & en latin*, &c. Ms. fur papier, 1552, un vol. in-4°, n° 389 de la vente E. Double, provenant, felon M. Paul Lacroix, de la bibliothèque de Diane de Poitiers. V. le fupplément au catalogue de la vente Double. Paris, Lainé & Havard, 4 pp. in-8°, fans date (1863).

Chambord, de forteresse devenu palais, ne devait plus être commandé par un châtelain ni par un capitaine. Sous François Ier parut la charge nouvelle de *Gouverneur*, dont fut pourvu Jean Breton, seigneur de Villandry (1), &, chose particulière, en 1543 (2), la survivance de cette charge est donnée à une femme, Anne Gedoyn, veuve de ce Breton de Villandry, & ensuite à sa fille, Léonor, qui la porta, par son mariage, au sieur du Gangnier (3).

Il ne faut pas croire que ce gouvernement était pour ces femmes un titre purement honorifique ; elles ont bien réellement dirigé les travaux de Chambord, comme le témoignent plusieurs documents venus jusqu'à nous.

Ainsi, en 1544, Anne Gedoyn passait un marché pour la construction d'une cheminée, d'une grande lucarne & d'une *petite vis* qui paraît être l'escalier à cariatides de la cour de François Ier, en présence de Jacques Coqueau, qui avait succédé comme architecte

---

(1) Secrétaire de François Ier, fait prisonnier avec lui à la bataille de Pavie, & qui parvint, par la faveur royale, jusqu'à la dignité de Secrétaire des finances.

(2) And. Félibien, ouv. cité, fol. 63.

(3) Lettres de Charles IX, pour la survivance de Léonor Breton *au gouvernement de la maison, chasteau & bastiment de Chambord*, en date du 8 septembre 1568. (Biblioth. de Blois, fonds Jourfany; *Mémoires* mss. d'And. Félibien, fol. 66, *verso.*) — Ces lettres parlent, sans en énoncer la quotité, *des gaiges, droicts, proficts, revenuz & esmolumens accoustumez.*

à Pierre Trinqueau, comme nous l'avons vu tout à l'heure (1).

Préoccupé sans doute du danger qu'il y avait à conserver des eaux stagnantes autour du château, le roi avait chargé, de les détourner & de canaliser la rivière du Coffon, un ingénieur italien, Paul de Breignan ; il recevait, pour diriger ce travail, 25 livres de gages par mois (2). D'abord, plus ambitieux, François Ier avait rêvé d'amener la Loire à Chambord. Ce projet gigantesque, mentionné par Brantôme & Varillas & nié par Bernier (3), ne peut plus être révoqué en doute, grâce à la découverte d'une pièce publiée, pour la première fois, par M. Loiseleur (4). L'ingénieur était aussi un Italien & venait de Novare ; il avait présenté un plan de dérivation au roi, à la Fère, en 1529 (5).

A la fin de l'année 1545, François Ier visita pour la

(1) Salmon, *Bibliothèque de l'Ecole des Chartes*, IIIe volume de la 4e série. V. plus haut, pag. 36, 37 & 55.

(2) *Salaires des ouvriers de Chambord*, dans A. Félibien, fol. 65, et *Pièces justif.* de la 8e édit. de cette Notice, p. 124.

(3) Brantôme, t. III, p. 279 de l'éd. de 1859 ; *Hist. de Blois*, p. 84.

(4) Ouv. cit., P. *just.*, p. 363.

(5) C'est par une faute du copiste, ou une erreur de lecture, que l'ingénieur porte dans cette pièce le nom de Pierre Caffé, nom dont la physionomie est toute française. C'est évidemment le même personnage qui figure dans la note des salaires des ouvriers de Chambord, au paragraphe suivant :

« A Pierre Tarsien, natif de
« Nouarre, dans le Milanois,
« que le Roy avoit fait venir à
« Chamborg, pour faire porter
« batteau la rivière de Couf-
« son, 10 fois par jour, festes

dernière fois Chambord, qu'il légua inachevé à son succeffeur.

Henri II, héritier de tous les goûts de fon père, eut la même prédilection que lui pour le château de Chambord & fit continuer fes travaux fur les mêmes plans. On reconnaît facilement, à fon chiffre & au croiffant qui était à la fois fa devife & celle de Diane de Poitiers, les portions de l'édifice auxquelles il a travaillé (1).

Le 16 janvier 1552, Henri était à Chambord, quand il ratifia, avec les princes allemands détachés du parti de Charles-Quint, un traité fecret, conclu l'année précédente, & qui valut plus tard à la France les villes de Metz, Toul & Verdun (2).

Des lettres-patentes de Henri II, datées de Chambord, le 4 mai 1556, ont été infpirées par une caufe moins férieufe. Un ufage ancien, mais réglementé feulement en 1552, défendait aux chanoines d'Orléans de *porter barbe ou toupet*. Or, Jean de Morvillier, recemment nommé évêque de cette ville, portait, comme c'était la mode alors, une longue barbe. Il y tenait, à ce qu'il paraît, car il refufa de la faire couper pour le jour de fon entrée folennelle, malgré les réclamations

---

« & dimanches. » (Félibien, ouv. cit., fol. 64 ; *Pièces juft.* de la 8ᵉ éd. de cette notice, p. 123.)

Pour réalifer ce projet, il fallait néceffairement amener non pas la Loire, mais une prife d'eau du fleuve.

(1) Voyez plus haut, p. 15.

(2) De Thou, t. II, p. 89 de l'édit. de Londres.

du chapitre. Cette oppofition fut portée fi loin, que le nouveau fucceffeur de faint Euverte fut obligé de recourir à l'intervention du roi. C'eft alors que Henri II donna les lettres-patentes dont je viens de parler. Il y enjoignait expreffément aux chanoines de recevoir leur nouvel évêque « fans s'arrêter à ce qu'il
« portoit la barbe & fans qu'il fût tenu de la faire
« couper, ce prélat, ajoutait le roi, étant contraint
« pour le bien de fon fervice de s'accommoder à la
« façon de ceux auprès defquels il avoit à réfider &
« négocier (1). »

La mort funefte & prématurée de Henri II empêcha que Chambord ne fût terminé, comme il l'eût été fans doute par ce prince.

Plufieurs ordonnances furent rendues à Chambord pendant les divers féjours de François II dans cette demeure, en 1559; mais elles font fans grande importance hiftorique. L'une d'elles renouvelle la défenfe, fous les peines les plus févères, de porter des piftolets & arquebufes (2).

L'année 1562, il fe paffa à Chambord un de ces faits odieux qui fignalèrent trop fouvent nos malheureufes guerres de religion. Le curé de la paroiffe fut tué à l'autel, au moment où il levait l'hoftie. Ce fait eft rapporté par Th. de Bèze, dont le témoignage n'eft pas fufpect : « Ce mois [Août] fut grandement dom-

(1) Diard, *Revue Orléanaife*, IIe année, p. 483.

(2) V. Ifambert, *Lois françaifes*, t. XIV, p. 12, 14, 16.

« mageable au prince [de Condé] en plufieurs lieux,
« comme à Meaux, Tours, Angers, etc.... Ce néan-
« moins, ceux qui reftoient ne perdirent courage,
« faifans plufieurs faillies, en l'une defquelles ils cou-
« rurent jufqu'à Chambord, près de Bloys, où fut
« tué un preftre levant fon calice (1). »

Pendant fa régence, Catherine de Médicis, qui aimait beaucoup l'exercice du cheval & celui de la chaffe, venait fouvent à Chambord. Le foir, la reine, accompagnée d'aftrologues, montait à la *Fleurs-de-lys* (la campanille du grand efcalier) *pour confulter nuictamment les cieux & les eftoiles* (2).

Ne pouvant, à caufe du malheur des temps, fans doute, continuer l'œuvre inachevée de fon royal époux, Catherine voulait, du moins, veiller à la confervation de ce qui était terminé. Elle fe faifait préfenter, en 1566, par le fecrétaire d'Etat, Robertet (3), un mémoire des réparations les plus preffantes, dreffé par le contrôleur des bâtiments de Chambord. On ne faurait croire combien l'interruption des travaux avait caufé de détériorations à l'édifice; l'eau paffait à tra-

---

(1) *Hift. eccl.*, t. II, liv. VI, p. 131 de l'éd. d'Anvers, 1580.

(2) Mém. cité par M. Vergnaud-Romagnéfi, *Notice fur Chambord*, p. 14.

(3) Florimond Robertet II, né à Blois, en 1534, du mariage de Claude Robertet, fils de Florimond Ier, dit le Grand, & d'Anne Briçonnet, mort en 1570. Il était auffi préfident de la Chambre des comptes de Blois & intendant des bâtiments royaux du Comté.

vers les terraffes & détruifait les grandes falles voûtées; la charpente de la tour de la chapelle, qui avait coûté 7 à 8,000 francs, était entièrement pourrie & à refaire, faute d'avoir été couverte. Pour n'avoir pas employé mille écus, dit Robertet, il en coûtera plus de 20,000 francs. On voit, dans le mémoire, qu'à cette époque le nombre des falles, chambres, garde-robes, cabinets, oratoires, chapelle & galetas était de 380 (1).

Il y avait toujours, dans le parc, du gibier *à très-grande foifon :* « J'y veys, dit Robertet, de deffus les « dites terraffes, trois ou quatre hordes de beftes « fauves, faifant le nombre, toutes enfemble, de plus « de 150. Et me dift La Motte qui les garde, que l'on « n'en veyt jamais tant que y a dans le dit parc (2). »

Charles IX, fi paffionné pour la chaffe, devait vifiter fouvent le lieu de France le plus favorablement difpofé pour cet exercice. Ce fut là, dit-on (3), qu'il fit l'exploit de vénerie, célébré par Baïf, de forcer un cerf à courfe de cheval fans le fecours des chiens. Voici quelques-uns des vers rocailleux de ce poète qui, après avoir comparé le prince à Hercule & fouhaité de pouvoir le placer au ciel, pour prix de fa

---

(1) *Ce qui eft néceffaire de faire pour pourveoir à la feureté & confervation des ouvraiges encommencez à faire au chafteau de Chambort, à la tour & au pavillon.* (Bibl. du Louvre, correfpond. Bourdin, F, 216, t. III, fol. 351.)

(2) *Ibid.,* fol. 351. — M. le comte de la Ferrière-Percy a publié cette pièce dans fon excellent livre fur Marguerite de Valois. Paris, Aubry, 1862, p. 199-206.

(3) Voir Merle, *Chambord,* p. 58.

victoire, fous la forme d'une conftellation favorable aux veneurs, termine ainfi :

> Moy donc (ce que je puis), vous, mon grand Roy, je chante
> Avecque le cheval la befte tresbufchante
> Au coup de voftre main. Sur un chefne branchu,
> Vouant du chef du cerf le branchage fourchu,
> Le Roy Charles neufvieme, & premier qui à-vuë,
> Sans meute, fans relais, à la befte recruë
> Piquant & parcourant fait rendre les abbois,
> En confacre la tefte à la dame des bois (1).

Après la mort de du Gangnier, Charles IX conferva le gouvernement de Chambord à Léonor Breton, fa veuve (2). Dès lors, ce gouvernement devint héréditaire, comme la plupart des charges de l'ancienne monarchie.

Les lettres-patentes de Charles IX, pour la furvivance de Léonor Breton, viennent à l'appui de ce que je difais tout-à-l'heure de la part férieufe que prirent la veuve de du Gangnier & fa mère aux travaux de Chambord (3). On y lit : « Nous... vous avons... « commife & commeƈtons avec plain pouvoir d'or- « donner pour les baftimens & réparations qui feront « à faire en icelluy [château], fuivant les deffeings « qui en feront *par nous* faictz (4). » Cette phrafe

---

(1) *OEuvres en rime de Jean-Ant. de Baïf*, f° 57, v°, de l'édit. de Paris, 1573.

(2) Voyez, plus haut, à la note troifième de la page 65.

(3) V. page 65.

(4) Bibliothèque de Blois, fonds Jourfanvault, n° 1694.

pourrait suggérer encore une autre observation digne d'intérêt : Charles IX était poète, & des meilleurs de son temps; aurait-il été auffi deffinateur? Cela ne ferait pas invraifemblable chez un prince de cette race artiftique & intelligente des Valois.

Charles IX avait continué les travaux de Chambord, mais ils étaient conduits bien plus lentement que du temps de Henri II, qui lui-même ne les preffait pas avec la même activité que fon père. Les troubles toujours croiffants & les embarras financiers qui en réfultaient les firent ceffer entièrement en 1571. Dès 1565 le roi avait fupprimé l'office de tréforier des bâtiments & en avait chargé le receveur ordinaire du comté de Blois (1). On voit, par les Mémoires d'André Félibien (2), que la dépenfe faite depuis 1547, année de la mort de François Ier, jufqu'à l'année 1571, ne s'éleva qu'à la fomme de 91,008 liv. 6 s. 5 d. tournois. Cette fomme, réunie à celle que dépenfa François Ier, forme un total de 335,578 liv. 12 s. 9 d. tournois, qui fervit à mettre le château dans l'état où il refta jufqu'à Louis XIV, car les travaux faits depuis Henri III jufqu'à Louis XIII ne furent appliqués, en général, qu'aux décorations & aux réparations les plus néceffaires (3).

En 1575 eurent lieu, à Chambord, les premières

---

(1) Bibliothèque de Blois, fonds Jourfanvault, n° 1691.

(2) V. fol. 671

(3) En tenant compte des variations furvenues dans la valeur du marc d'argent, depuis

négociations qui amenèrent l'édit de la paix, dite *paix de Monsieur*, ratifiée au mois de mai 1576 entre Henri III & son frère le duc d'Alençon, chef de ce parti des catholiques modérés dont l'alliance avec les protestants suscita de si grands embarras à la politique du roi (1). Par cet édit, celui-ci s'engageait à convoquer les Etats à Blois six mois après sa publication (2).

Le site agreste, les souvenirs de tournois & de vénerie du château de Chambord ne pouvaient s'associer aux plaisirs efféminés & mystiques de la cour de Henri III qui le visita rarement.

Henri IV le négligea pour Fontainebleau & Saint-Germain; des motifs politiques puissants l'engageaient d'ailleurs à ne pas quitter le voisinage de la capitale pour les châteaux des rives de la Loire.

En 1605 paraît le titre de *capitaine-gouverneur* de Chambord, que porta Jacques Bodin, seigneur de Boisregnard (3). Cette charge fut ensuite exercée par son fils Jehan, qui la vendit à François de Johanne, seigneur de Saumery, dans la famille duquel elle resta

la mort de François Iᵉʳ, & en calculant d'après un prix moyen de 15 fr., les 91,008 l. 6 s. 5 d. employées aux constructions de Chambord, depuis 1547 jusqu'en 1571, représenteraient 330,056 francs 80 c. Le total de la dépense, depuis 1526, équivaut à 2,057,530 fr.

(1) L'Estoile, t. I, p. 138, de l'édit. de 1744.—De Thou, t. VII, p. 295, de l'édit. de Londres.

(2) Voyez mon *Histoire du château de Blois*, 4ᵉ éd., p. 209.

(3) *Lettres de provisions du Roy de l'estat & office de gouverneur & capitaine du chasteau*

pendant près de deux fiècles. Les émoluments attachés à la charge s'élevaient à 300 livres fous les Boisregnard, & à 610 livres fous le premier des Saumery qui en fut revêtu. Celui-ci jouiffait, en outre, des fermes, maifons & prés du parc, & d'une redevance confidérable en bois (1).

Louis XIII vint plufieurs fois à Chambord. On trouve dans le journal d'Hérouard, fon médecin, la relation d'une double vifite qu'il fit en juillet 1614 & en avril 1616, alors qu'il était encore fous la tutelle de la reine, fa mère. L'honnête & ponctuel ferviteur entre, felon le devoir de fa charge, dans des détails d'une telle intimité, qu'il eft impoffible de reproduire en entier fon texte.

Après quelques lignes confacrées à l'emploi de la matinée du 13 juillet au château de Blois, où féjournait le roi, Hérouard pourfuit en ces termes : « A huict « heures ung quart entre en caroffe & va à Chamborg.

de Chambord, du 20 juin 1605. (Arch. de la fam. de Boifrenard; Biblioth. de Blois, fonds Jourf., aux années 1630-1640.)

La famille de Boifregnard eft repréfentée aujourd'hui par les Bodin de Boifrenard, à Orléans, & les Bodin de Galembert, à Tours.

(1) Archives du château de Saumery; Bibliothèque de Blois, fonds Jourfanvault, aux années 1644-49. — Le marc d'argent valait, en 1605, 30 l. 5 s.; 300 l. repréfentaient environ 800 fr. d'aujourd'hui. 610 l., d'après la valeur relative du marc d'argent, au commencement du règne de Louis XIV, repréfentent environ 1,200 fr.

« A demy chemin eſt monté à cheval, a chaſſé (1);
« à unze & ung quart y eſt arrivé & a diſné. Fraizes au
« ſucre & au vin, 36 [?]; pain, 20; ceriſes crues, 16;
« pain, autant; l'eſtomach d'ung pigeoneau bouilly;
« trois crêtes de coq deſſus; pois ſur un chapon, 6;
« ris de veau en brochete, 4; poulet fricaſſé, ung
« pilon; les ailes d'un pigeoneau roſti avec pain eſmié;
« l'eſtomach d'une caille; blanc manger ſur une tren-
« che de biſcuict; bigarreaux, 12; pain, id.; ceriſes
« confites, 9; cotignat ſur une oublie, 6; l'oublie;
« pain, peu; beu du vin clairet fort trempé; dragée
« de fenouil, la petite queuillerée. Va viſiter le chas-
« teau; fuſt partout; le treuve beau; va peſcher; à
« deux heures & demie entre en caroſſe. »

Voilà un menu bien copieux pour le dîner d'un enfant de douze ans. Si je reproduiſais les faſtidieux détails du journal d'Hérouard, relatifs à la viſite du mois d'avril 1616, on verrait que les menus du dîner & du ſouper ne ſont pas moins étonnants (2).

Devenu majeur, le roi fit de moins courtes apparitions à Chambord; il y commanda même pluſieurs embelliſſements. Ce fut pendant un de ces ſéjours que ſe

---

(1) C'était ſans doute une chaſſe aux petits oiſeaux. Dans la 2ᵉ viſite à Chambord, Hérouard dit : « le roy s'en va tirer de la hacquebuſe ; tue plus de vingt moineaux. »

(2) Hérouard. *La Ludovicotrophie, ou Journal de toutes les actions & de la ſanté de Louis dauphin de France, qui fut enſuite Louis XIII, depuis le moment de la naiſſance juſqu'au 29 janvier 1628.* Mss. de la Bibliothèque impériale, fonds Colbert, n° 8943, fol. 69 & 266, *verſo*.

paffa un fait qui peint bien la pruderie habituelle de ce prince. Il défirait lire une lettre qu'avait cachée, fous fon mouchoir de cou, mademoifelle de Hautefort à laquelle il témoignait un attachement auffi chafte que celui qu'il eut plus tard pour mademoifelle de la Fayette. N'ofant prendre la lettre avec fa main, il fut chercher des pincettes pour l'enlever fans fcandale. Le roi Henri IV, fon père, y eût mis plus de délicateffe, ou plus de brufquerie.

Malgré l'autorité des Mémoires de Montglat, malgré la Vie imprimée de mademoifelle de Hautefort, où il eft queftion de pincettes d'argent, verfion adoptée par M. Coufin, M. Loifeleur veut retrancher de l'hiftoire de Chambord cette anecdote; elle doit être, felon lui, ainfi que celle du diftique de François I^(er), « reftituée « aux recueils d'*Ana* d'où des écrivains férieux n'au- « raient pas dû l'exhumer (1). »

Qu'il me foit permis d'ajouter ici un témoignage contemporain qui n'a pas encore été invoqué : « Un « jour, madame d'Hautefort tenoit un billet; il [le roi] « le voulut voir; elle ne le voulut pas. Enfin, il fit « effort pour l'avoir; elle qui le connoiffoit bien fe « le mit dans le fein & lui dit : Si vous le voulez, vous « le prendrez donc là ? Savez-vous bien ce qu'il fit ? « Il prit les pincettes de la cheminée...... (2). » La

---

(1) *Les réfid. roy. de la Loire*, p. 32.

(2) *Les hiftoriettes de Tallemant des Réaux*, 2e édit., t. III, p. 61. — Cf. *Mém. de Montglat*, coll. Petitot, t. XLIX, p. 239 ; *La vie de Marie de Hautefort*, pp. 16 et 17 de l'éd. in-4°; Coufin, *Madame de Hautefort*, p. 14.

vignette que me reproche M. Loiseleur n'est-elle pas la représentation fidèle de cette petite scène, dans laquelle l'action du roi ne fut peut-être qu'une menace, une plaisanterie à sa manière, & non une grossièreté ? Je suis, d'ailleurs, je le confesse, de l'avis de M. Viennet : « Les réalistes, dit le spirituel académi-
« cien, sont vraiment insupportables avec leur passion
« de la vérité vraie ; ces jolies perles étaient si bien
« enchâssées dans nos chroniques ! » (1)

Louis XIII avait donné, en 1626, le comté de Blois en augmentation d'apanage à Gaston d'Orléans, son frère ; le domaine de Chambord en faisait nécessairement partie & il fut souvent habité par ce prince, surtout pendant les huit dernières années de sa vie qu'il passa en exil dans son comté. Mademoiselle de Montpensier, sa fille, y vint dès son enfance ; elle a consigné ainsi, dans ses Mémoires, le souvenir naïf de sa première arrivée :

« Une des plus curieuses & des plus remarquables
« choses de la maison, c'est le degré, fait d'une ma-
« nière, qu'une personne peut monter & l'autre des-
« cendre, sans qu'elles se rencontrent, bien qu'elles
« se voient : à quoi Monsieur prit plaisir à se jouer
« d'abord avec moi. Il étoit au haut de l'escalier lors-
« que j'arrivai ; il descendit quand je montai & rioit
« bien fort de me voir courir, dans la pensée que

---

(1) *Réponse de M. Viennet au discours de réception de M. le comte de Carné à l'Académie française.*

« j'avois de l'attraper; j'étois bien aife du plaifir qu'il
« prenoit, & je le fus encore davantage quand je l'eus
« joint (1). » Elle était loin de fe douter que ce château ferait, trente ans plus tard, le témoin des commencements d'une paffion qui devait remplir d'amertume les dernières années de fa vie.

Merle affure que ce fut à Chambord, qu'elle avoua à fon amant fes fentiments fecrets pour lui, en foufflant fur une glace & y écrivant le nom de *Lauzun* avec le doigt; mais c'eft à Saint-Germain, qu'elle voulut fe fervir de ce moyen; elle y renonça enfuite, préférant lui remettre une feuille de papier où elle avait écrit : *C'eft vous* (2). On trouve encore dans l'écrit de Merle d'autres faits que je n'ai pas reproduits dans le mien, parce que les fources auxquelles il les a puifés ne font pas indiquées, & parce qu'il ne m'a pas paru démontré que plufieurs d'entre eux fe foient paffés réellement à Chambord.

Le 30 juin 1659, Mazarin alla coucher à Chambord; il y fut reçu magnifiquement par Gafton, & en repartit le lendemain matin. Le cardinal allait alors conclure le célèbre traité des Pyrénées (3).

Après la mort de Gafton, le 2 février 1660, Chambord avait fait retour à la couronne &, au commence-

---

(1) *Mémoires de mademoifelle de Montpenfier*, t. I, p. 14 de l'édit. d'Amfterdam, 1735.

(2) *Mém. de Madem. de Montpenfier*, tom. VI, p. 102.

(3) *Lettres de Mazarin*, t. I, pp. 8 & 13 de l'édit. de la Soc. de l'Hift. de France.

ment du mois de juillet, Louis XIV, revenant des Pyrénées, après fon mariage, le vifita pour la première fois. Il s'y arrêta un jour, le 9 juillet, & ordonna des réparations (1).

En 1666, le roi érigea le village & le territoire de Chambord en commune & y fit bâtir l'églife actuelle fous l'invocation de faint Louis, fon patron. Pour former la dotation de cette nouvelle paroiffe, on réunit à la cure l'ancien prieuré de Montfrault. Depuis lors, le prieuré de Notre-Dame ne fut plus deffervi dans la chapelle du château, mais dans l'églife paroiffiale, à la chapelle de la Sainte-Vierge. L'églife avait le titre d'*églife royale*, & le prieur de Notre-Dame jouiffait, en conféquence, du titre d'*Aumônier du Roi* (2).

Louis XIV créa, dans le même temps, à Chambord, une prévôté royale qui était appelée la première aux affifes du bailliage de Blois (3). C'eft, au furplus, une fingulière commune que celle de Chambord, car aucune maifon ni aucune parcelle du territoire n'appartient aux habitants, & le roi abfolu fut certainement généreux en leur octroyant des libertés municipales.

Chambord fut plufieurs fois le théâtre des fêtes fomptueufes qui accompagnaient la brillante cour de Louis XIV, pendant fon féjour dans les châteaux

---

(1) *Mém. de mad. de Motteville*, t. V, p. 128 de l'éd. 1723.

(2) Chafles, *Dictionn. de juftice*, v° Chambord.

(3) Edit. de Louis XIV, du mois de février 1666. — Voy. auffi Bernier, *Hift. de Blois*, p. 84, & le *Dictionnaire des Arrêts*, de Brillon, au mot Chambord.

royaux (1). Une lettre en profe & en vers, adreffée par Peliffon à mademoifelle de Scudéry, contient la relation d'une fête qui eut lieu en 1668. Cette relation, peu intéreffante, nous montre feulement que le ftyle *précieux* n'était pas encore tombé devant les farcafmes de Molière; elle témoigne auffi de l'admiration ridicule des courtifans pour les moindres actions du roi. Voici les premières lignes de la lettre de Peliffon :

« Je fuis perfuadé, Mademoifelle, qu'on vous a
« écrit qu'il n'y a point de maifon royale qui foit d'un
« deffin plus noble & plus magnifique que Chambord.
« Le parc & la forêt qui l'environnent font remplis de
« vieux chênes, droits & touffus, qui ont été confultés
« autrefois. Si les anciens arbres n'avoient été con-
« damnés par un jugement équitable à un éternel
« filence; fi l'obfcurité de leurs oracles & l'indifcré-
« tion avec laquelle ils trahiffoient les fecrets des
« amans, n'avoient obligé les dieux à les réduire à
« fervir feulement pour l'ombrage & la fraîcheur, il
« y a fans doute beaucoup d'apparence que ceux de
« Chambord parleroient plus clairement que de cou-

---

(1) Le château avait déjà beaucoup fouffert d'un long abandon, & préfentait, avant les réparations ordonnées par le roi, à peu près l'afpect délabré d'il y a peu d'années. (V. dans la collection des Lettres à Colbert, dite des *Volumes verts*, à la Bibliothèque impériale, plufieurs lettres des années 1666 a 1668, écrites de Chambord & de Blois, par Jean de la Sauffaye, préfident de la Chambre des comptes de Blois & intendant des bâtiments royaux du comté.)

« tume, & qu'ils décideroient en faveur de ce qu'ils
« voient aujourd'hui, quoiqu'ils ayent eu l'honneur
« d'aider aux plaisirs de François 1er, dont la grandeur
« & la magnificence n'ont pu être surpassées que de-
« puis quelques années. Le temps a été admirable,
« contre l'ordre des saisons (14 octobre), depuis que
« le roi est parti de Saint-Germain, &c. »

Ce fut pendant le séjour de la cour, en 1669, que la troupe de Molière représenta, pour la première fois, la comédie de *Pourceaugnac*.

Le *Bourgeois gentilhomme* fut également joué, pour la première fois, à Chambord, le 14 d'octobre 1670. Le chevalier d'Arvieux, qui avait été envoyé extraordinaire dans le Levant, fut chargé de diriger la partie des costumes ; il se regardait presque comme un des auteurs de la pièce : « Le roi, dit-il, ayant voulu faire
« un voyage à Chambord pour y prendre le divertis-
« sement de la chasse, voulut donner à sa cour celui
« d'un ballet ; & comme l'idée des Turcs qu'on venoit
« de voir à Paris étoit encore toute récente, il crut
« qu'il feroit bon de les faire paroître sur la scène.
« Sa Majesté m'ordonna de me joindre à MM. de Mo-
« lière & de Lulli, pour composer une pièce de théâ-
« tre où l'on pût faire entrer quelque chose des
« habillements & des manières des Turcs. Je me ren-
« dis, pour cet effet, au village d'Auteuil, où M. de
« Molière avoit une maison fort jolie. Ce fut là que
« *nous travaillâmes* à cette pièce que l'on voit dans
« les OEuvres de Molière, sous le titre du *Bourgeois*
« *gentilhomme*, qui se fit Turc pour épouser la fille

« du Grand-Seigneur. Je fus chargé de tout ce qui
« regardoit les habillements & les manières des Turcs.
« La pièce achevée, on la préfenta au roi, qui l'agréa,
« & je demeurai huit jours chez Baraillon, maître
« tailleur, pour faire les habits & les turbans à la
« turque (1). »

On raconta alors une anecdote affez piquante au fujet de la première repréfentation. Le roi, qui craignait de fe laiffer féduire par le jeu des acteurs, parut écouter la pièce avec beaucoup de froideur, & attendit une feconde épreuve pour dire fon fentiment. Molière était défolé; les courtifans répétaient à l'envi qu'il baiffait & que fa veine était épuifée; mais, en fortant de la feconde repréfentation, qui eut lieu cinq ou fix jours après, le roi expliquant la caufe de cette apparente froideur, fit publiquement fes compliments à Molière, qui ne favait comment fe dérober aux félicitations dont il était accablé par toute la cour (2).

Voici comment le continuateur de la Gazette rimée de Loret parle de cette repréfentation :

« Mardi, ballet & comédie *
« Avec très-bonne mélodie
« Aux autres ébats fuccéda,
« Où tout, dit-on, des mieux alla,

« * Intitulez :
« Le Bourgeois
« Gentilhomme. »

(1) *Mem. d'Arvieux*, t. IV, p. 252 & fuiv.

(2) Voir Merle, *Chambord*, p. 65.

« * Les sieurs « Molière & Lully. »

« Par les soins des deux grands Baptistes * ,

« Originaux & non copistes,

« Comme on fait, dans leur noble employ

« Pour divertir notre grand Roy,

« L'un par sa belle comédie

« Et l'autre par son harmonie (1). »

Dans un voyage de Chambord, en 1684, madame de Maintenon commençait d'être en grande faveur ; elle avait une place dans la voiture du roi, tandis que madame de Montespan était dans une voiture de suite avec ses enfants. Ce voyage n'eut de remarquable que la mauvaise humeur des deux rivales qui le rendit fort ennuyeux. (2) Dangeau nous dit qu'on y apprit la mort du *bonhomme* Corneille, *fameux par ses comédies* (3).

Le château était alors, à peu-près, dans l'état où l'avait laissé Charles IX ; les dessins de Félibien & les estampes contemporaines nous le montrent avec la tour de la chapelle toujours sans couverture & une partie de l'enceinte de la cour non terminée. Louis XIV aimait tout ce qui était grand ; il fut frappé, on n'en saurait douter, de l'aspect majestueux de Chambord, malgré son goût pour le style purement classique auquel avait conduit l'architecture de la Renaissance ; il résolut d'achever le monument. Un devis des travaux

---

(1) *Lettre de Robinet*, du 18 octobre 1670.
(2) Merle, *Chambord*, p. 66 ;
Loiseleur, *Resid. royales*, pages 39-49.
(3) *Mémoires*, t. I, p. 59.

fut dreffé par le célèbre Manfard & imprimé la même année (1).

Louis XIV vifita pour la dernière fois Chambord, en 1685; la cour y arriva le 7 feptembre; madame de Maintenon était feule avec le roi, & dans toute la puiffance de la haute pofition à laquelle elle était parvenue, croit-on, vers la fin de l'année 1684. Il y eut chaffe, réceptions & comédie (2).

D'autres occupations, plus férieufes, agitaient alors la cour; différentes ordonnances contre les calviniftes font datées de Chambord, du 15 feptembre au 4 octobre (3). C'étaient les triftes avant-coureurs de la funefte révocation de l'édit de Nantes, fignée le 22, à Fontainebleau, où la cour s'était rendue après avoir quitté Chambord.

C'eft à tort, que plufieurs hiftoriens on parlé du féjour que le roi y aurait fait en 1700, lors du départ de fon petit-fils pour aller prendre poffeffion du trône d'Efpagne. On voit dans la relation de ce voyage, écrite par le duc de Bourgogne, fon frère, que Louis XIV fit fes adieux au duc d'Anjou dans le château de Sceaux.

(1) Devis des ouvrages de maffonneries que le Roy a ordonné être faits en fon château de Chambord, pour achever la tour de la chapelle, aifle enfuite, efcallier & gallerie à côté, &c., par le fieur Manfard, premier architecte de S. M. Dans le Recueil des devis des baftimens du Roy, Verfailles, Muguet, imp. ordin. du Roy, in-f°, 1684.

(2) Dangeau, *Mémoires*, t. I, pp. 59 & fuiv., Lettres de Madame de Maintenon, des mois d'octobre 1684 & 1685.

(3) Ifambert, *Anciennes lois françaifes*, t. XIX, p. 529 & 530.

Philippe V & le duc de Bourgogne vifitèrent feuls Chambord le 10 décembre.

Lorfqu'en 1712, après les fuccès du prince Eugène, la cour délibéra fi elle quitterait Verfailles, pour fe retirer derrière le rempart de la Loire, Chambord fut choifi comme le lieu le plus fûr & le plus central. Villars & la victoire de Denain rendirent ce projet inutile.

Tous les travaux dont Louis XIV avait chargé Manfard ne furent pas achevés. De deux vaftes aîles qui devaient être placées en avant-corps de la façade de la place d'armes, pour les écuries & les communs, & qui auraient formé une première enceinte, une feule fut mife en conftruction; fur fes fondations ont été plus tard conftruites les cafernes du maréchal de Saxe. La principale porte de la cour du château, ornée de pilaftres corinthiens, eft l'œuvre de Manfard. Le changement de ftyle n'était pas de bon goût. Ce fut lui qui couvrit les terraffes par des toits, pour lefquels il fit, dit-on, le premier effai de la forme que l'on a appelée depuis *en manfarde* (1). On voit dans les comptes de l'adminiftration de Colbert, que les dépenfes pour les travaux exécutés à Chambord, depuis 1661 jufqu'à 1710, f'élevèrent à 1,225,701 livres (2). En comparant cette fomme à celle que dépenfèrent François Ier & Henri II, pour leurs conftructions, on voit combien

---

(1) Merle, *Chambord*, p. 73.
(2) Pierre Clément, *Hiftoire de la vie & de l'adminiftration de Colbert*, precedee d'une notice hiftorique fur Nicolas Fouquet, p. 200.

la main-d'œuvre & le prix des matériaux avaient augmenté depuis un fiècle & demi.

Le château était abandonné depuis longtemps, quand il devint, en 1725, l'afile du malheureux Staniflas Leczinfki. Le roi & la reine de Pologne y paffèrent huit années dans la pratique de toutes les vertus. La paroiffe de Chambord conferve dans fes archives des fouvenirs touchants de la bonhomie de Staniflas. Dans un grand nombre d'actes de naiffance, on le voit figurer comme parrain, & les gens du village perpétuent la tradition des vifites paternelles que le bon roi faifait dans les chaumières de leurs aïeux, de l'intérêt qu'il prenait à leurs travaux & à leurs fêtes, & du plaifir qu'il avait à juger leurs différends.

La reine affectionnait beaucoup la petite chapelle fituée près des appartements de François Ier, & qui en a retenu le nom d'*Oratoire de la reine de Pologne*.

Staniflas planta le parterre, dont on aperçoit à peine les traces. Il fit auffi, dit-on, combler les foffés, & nous avons remarqué déjà combien cette mefure, prife par un motif de falubrité, avait fait perdre de fon effet à la façade du château (1).

Plufieurs des compagnons d'exil de Staniflas ont leurs tombes dans l'églife de Chambord. Les infcriptions qui les fignalaient ont été malheureufement détruites en renouvelant le carrelage de cette églife.

Le château, après le départ du roi de Pologne, en

---

(1) V. plus haut, p. 3.

1735, fut encore abandonné jufqu'au moment où il devint l'apanage du vainqueur de Fontenoy, qui ne vint l'habiter qu'en 1748. Le féjour de Chambord fut très-brillant pendant les deux années que le maréchal jouit de fa dotation. Il y menait une vie toute militaire, faifant manœuvrer tous les jours fes deux régiments de hulans, que le roi, par une galanterie particulière, y avait envoyé tenir garnifon. Il avait établi dans le parc un haras dont les chevaux vivaient en pleine liberté (1).

Le maréchal avait fait arranger en falle de fpectacle celle des grandes falles du donjon qui, au deuxième étage, regarde le côté de l'oueft. C'eft là que Favart & fa troupe, qui avaient déjà fuivi le maréchal pendant la guerre, donnaient des repréfentations auxquelles on arrivait de tous les lieux environnants, de Blois, de Baugency, & même d'Orléans. On s'eft trompé (2)

---

(1) Le parc de Chambord avait fervi, depuis une haute époque, à l'élève des chevaux, car on trouve, dès 1400, un *garde des haras de Montfraut*, aux gages de cent fols par année. En 1403, Louis d'Orléans, *en confidération de fon joyeux avènement en la ville de Blois*, fit remife à Jean Befchebien, garde de la prévôté de cette ville, de la moitié de la fomme de fept francs, qu'il devait pour prix d'une *jument poulaine* & d'un petit poulain, achetés par lui *au temps où l'on vendoit le haraz de Montferaut* attendu que ladite jument était morte... *Et demoura fon petit poulain, qui ne valoit pas plus de cinq fols quand la mère mourut*. (Bibliotheque de Blois, fonds Jourfanvault, n° 25 de Chambord).

(2) Merle, *Chambord*, p. 6; Loifeleur, *Refid. royales de la Loire*, p. 50.

en difant que Madame de Pompadour alla paffer quelques jours à fa terre de Menars, pour venir de là affifter à l'une de ces repréfentations; la belle marquife n'acheta Menars qu'en 1760.

Les excès de tout genre que fit à Chambord le maréchal, déjà malade lorfqu'il y arriva, le conduifirent promptement au tombeau. Louis XV lui fit rendre des honneurs, fans exemple jufqu'alors, & fon corps, après avoir été embaumé, fut tranfporté à Strasbourg, où le roi lui fit élever le magnifique monument qui paffe pour le chef-d'œuvre de Pigalle.

Une tradition locale veut que le maréchal ait été victime d'un duel avec le prince de Conti, duel qui aurait eu lieu dans les foffés du château.

On raconte encore dans le pays un grand nombre d'anecdotes, plus ou moins authentiques, fur le féjour du maréchal de Saxe; on peut en lire plufieurs dans l'ouvrage de Merle, pages 71 & fuivantes. En voici une, négligée par cet auteur, & que j'ai recueillie de feu M. le marquis de Saumery, dernier gouverneur, en furvivance, de Chambord.

Le maréchal, qui tenait un état tout-à-fait royal, défirait beaucoup ufer d'une prérogative réfervée à la couronne; c'était d'avoir une fentinelle dans l'intérieur de fes appartements; il imagina de faire écrire fur la porte placée entre la falle à manger & le falon : *Caiffe militaire*, & fous prétexte de garder la prétendue caiffe, il fit pofer la fentinelle tant défirée.

Après la mort du maréchal, Chambord refta encore

quelque temps la propriété du comte de Friefen, fon neveu, après quoi il fit retour à la couronne.

En 1783, le gouvernement de Chambord fut enlevé aux Saumery, pour être donné au marquis de Polignac dont la famille était toute-puiffante alors. Le marquis de Saumery, qui n'avait pas mérité cette difgràce, fe retira dans fon château, fitué à une lieue de Chambord fur la route de Blois (1).

Il y avait alors un *lieutenant des chaffes & du gouvernement de Chambord* (2) qui partagea la difgrâce de fon chef.

Après la révolution de 89, la haine qui pourfuivait les favoris de la couronne ne permit pas à la famille de Polignac de refter longtemps à Chambord; elle le quitta au commencement de l'année 1790.

Sur la demande de l'Affemblée nationale, la municipalité de Blois nomma, le 3 mai 1790, une commiffion chargée de rédiger un Mémoire détaillé fur Chambord, dans le but d'éclairer le gouvernement fur le

---

(1) Quand Louis XV donna au maréchal de Saxe le domaine de Chambord, il conferva au marquis de Saumery, oncle de celui qui fut dépoffedé par M. de Polignac, les *titres, honneurs, prérogatives, appointements* de capitaine & gouverneur. En 1783, ce dernier reçut une penfion de 15,000 livres, pour *ceffion faite à S. M. de la jouiffance du château & du parc de Chambord*. (Arch. du château de Saumery).

(2) Le titulaire de la charge était l'aïeul de l'auteur de cette Notice & le petit-fils de l'intendant des bâtiments royaux, cité plus haut, note 1 de la page 81.

meilleur parti que l'on pourrait tirer de cette maison royale & de ses dépendances, *si l'Assemblée n'en ordonnait pas la destruction* (1).

Une société de quakers anglais avait proposé, en 1791, d'acquérir le domaine pour y établir des manufactures (2). Le 24 février 1793, le Conseil de la commune de Blois mettait en délibération cette proposition, ainsi qu'une autre faite par une compagnie de Bléfois, qui demandait que Chambord fût mis en adjudication. Le Conseil déclara qu'il y aurait lieu de refuser la proposition des quakers, « en raison des maximes de cette
« secte qui ne pouvaient s'accorder avec les prin-
« cipes du gouvernement républicain & le projet
« qu'ils avaient de détruire les bois du parc de
« Chambord, ce qui serait très-préjudiciable aux vi-
« gnobles considérables qui font toute la richesse du
« pays. » Les actionnaires de Blois promettaient, au contraire, non-seulement de respecter les bois existants, mais encore d'en augmenter l'étendue par des semis & des plantations (3). La guerre & les embarras financiers qui survinrent empêchèrent de poursuivre ces différents projets.

Le District de Blois ordonna alors la vente du riche mobilier de Chambord, qui fut livré aux fripiers accourus de tous les points de la province. Les merveil-

(1) *Registre des délibérations de la commune de Blois*; Voir la séance du 3 & celle du 6 mai 1760.

(2) Grégoire, *Hist. des Sectes religieuses*, t. II, p. 12.

(3) *Reg. municip. de Blois*, séance du 24 février 1793.

les des arts que dix règnes avaient accumulées furent difperfées en peu de jours ; on arrachait jufqu'aux lambris qui garniffaient les murailles, jufqu'aux parquets des appartements, jufqu'aux volets des fenêtres, jufqu'aux chambranles des cheminées... Les portes de l'intérieur, fi riches d'ornements, étaient jetées dans le brafier allumé dans la falle d'adjudication avec les cadres des tableaux, & ceux-ci étaient fouvent déchirés avant d'être vendus. Les chambranles des cheminées, aujourd'hui réparés, avaient été fendus par la violence du feu qui éclaira cette fcène de Vandales. Le *feul* meuble qui foit refté eft un fouvenir de mort ! C'eft la table de pierre de liais fur laquelle fut embaumé le corps du maréchal de Saxe.

Quelques débris du mobilier royal, heureufement achetés par des propriétaires des environs, font reftés dans le pays. Ainfi, le joli château des Crotteaux conferve de magnifiques tapifferies de Flandre & d'autres pièces d'ameublement précieufes. Dieu veuille que le château & les meubles foient toujours protégés par le pieux fouhait du fondateur des Crotteaux, Guillaume Ribier, fouhait infcrit fur la façade qui regarde la rivière du Coffon, & que nous appliquerons auffi à Chambord :

PERENNET VT AMNIS (1)

(1) *Qu'il dure autant que le ruiffeau !* — G. Ribier, député de Blois aux Etats de 1614, a laiffé un recueil de *Lettres & Mémoires d'Eftat*, imprimés à Blois, après fa mort, par fon neveu, Michel Belot de Pezay, de qui les Belot de Laleu & les Belot de Bouffeuil, font aujourd'hui les defcendants directs.

Plusieurs mois après cette dévastation, il vint un membre du directoire du département pour faire disparaître *toutes les fleurs-de-lys & les insignes de la royauté qui se trouvaient dans les ornements du château*. C'était presque une démolition. Aussi ne fut-il pas difficile à M. Marie, architecte de Chambord, de présenter un devis de plus de cent mille francs pour cette opération. Cette heureuse idée évita un nouvel acte de vandalisme.

En 1797, au retour de Bonaparte à Paris, après les conférences de Rastadt, les corps législatifs voulurent donner au vainqueur de l'Italie, au négociateur du traité de Campo-Formio, une récompense nationale. Il fut question d'un hôtel à Paris avec la terre de Chambord; mais le Directoire, que les succès de Bonaparte avaient rendu très-ombrageux, s'y opposa, sous prétexte que les services du général en chef n'étaient pas de ceux que l'on peut payer avec des richesses. On sait qu'ils les remplacèrent par des honneurs, dans la fameuse cérémonie de la ratification du traité de Campo-Formio qui eut lieu dans la galerie du Luxembourg.

Chambord resta en vente &, heureusement, ne trouva pas d'acheteurs.

Napoléon, dont le génie se sentait la force de continuer toutes les gloires de la nation française, sauva Chambord en le mettant sous la protection de la Légion-d'Honneur ; c'est ainsi qu'il arracha alors à leur ruine, par ce glorieux patronage, un grand nombre d'édifices remarquables de la vieille France. Chambord fut défigné comme chef-lieu de la 15ᵉ cohorte de la légion commandée par le général Augereau. Le général y vint peu de temps après, ordonna quelques réparations urgentes & fit affainir le lit du Coffon. Plus tard, on conçut le projet d'établir à Chambord la maifon d'éducation décrétée après la bataille d'Aufterlitz pour les orphelines de la Légion-d'Honneur; mais ce projet fut abandonné à caufe des grandes dépenfes qu'il eût entraînées.

Le même motif empêcha l'Empereur d'y fixer la réfidence des princes d'Efpagne : il ne vint point vifiter lui-même le château, comme le dit M. Merle; il y envoya fon architecte. Fontaine, qui porta le devis d'ameublement & de réparations à neuf millions. Enfin Chambord fut détaché de la dotation de la Légion-d'Honneur, le 28 février 1809, & réuni au domaine de la couronne.

Merle a fuppofé que Napoléon, en donnant, peu de temps après, le domaine de Chambord au prince de Wagram, avait encore plus en vue de récompenfer l'habile négociateur de fon mariage avec la *fille des Céfars*, que les fervices militaires de fon chef d'état-major. Dans fon enthoufiafme pour la réuffite d'un projet dont les conféquences femblaient alors devoir être immenfes, l'Empereur joignit à ce don 500,000 fr. de rente fur le produit de la navigation du Rhin. Une des conditions de la dotation, l'emploi de tous les revenus à la reftauration du château, ne fut pas exécutée. Le prince de Wagram n'y paffa que deux jours, en 1810, courut le cerf, ordonna la vente de 150 hectares de haute futaie & baptifa une des fermes du nom de fa fille, *Lina* (1).

Chambord, malgré les bonnes intentions de Napoléon, refta abandonné jufqu'en 1814. A l'époque de la retraite du gouvernement impérial à Blois, la cour avait le projet de fe réfugier de l'autre côté de la Loire & de faire couper les ponts d'Orléans, de Baugency & de Blois. On envoya à l'avance une partie des équipages à Chambord; la voiture du facre était dans la cour du donjon. La princeffe de Wagram vint s'établir pendant quelques jours au château.

Après la Reftauration, & lorfque la princeffe perdit la dotation de la navigation du Rhin, elle chercha à tirer le parti le plus avantageux de fon domaine : elle avança les coupes de bois, défricha des taillis & finit par louer, pour deux ans, le château & le droit de chaffe, à raifon de 4,000 fr. par an, à un Anglais.

Enfin, la princeffe de Wagram s'apercevant que la poffeffion de Chambord, fans la dotation des 500,000 francs, était trop onéreufe, obtint l'autorifation de vendre ce domaine, non fans de grandes difficultés, car la condition la plus expreffe de la dotation, *de rendre au château fon ancienne fplendeur*, n'avait pas été remplie, & le cas de retour à la couronne avait été prévu par le décret. L'autorifation fut cependant accordée, malgré des avis qui conciliaient tout ; c'était que l'Etat

(1) Merle, *Chambord*, p. 98.

reprît Chambord, à la charge de créer une infcription produifant un revenu égal à celui du domaine. Le 11 août 1819, Louis XVIII, craignant de fournir des armes aux partis, en permit l'aliénation. Il fut mis en vente en 1820, & déjà la *Bande noire*, qui avait flairé le monument, commençait à s'abattre fur les plombs, quand une heureufe infpiration fauva Chambord. Le comte Adrien de Calonne propofa une foufcription à toutes les communes de France, pour le racheter & l'offrir au duc de Bordeaux. Une Commiffion s'était organifée pour réunir les offrandes &, le 5 mars 1821, le domaine fut adjugé, au prix de 1,542,000 fr., à l'auteur du projet, repréfentant la Commiffion, *pour en être fait hommage*, porte l'acte de vente, *au nom de la France, à S. A. R. Mgr le duc de Bordeaux, au profit duquel le domaine eft en conféquence acheté dès-à-préfent.*

Cette foufcription a été jugée diverfement: le gouvernement d'alors fut accufé de l'avoir fait ouvrir par un ordre miniftériel, & de l'avoir impofée à tous les fonctionnaires publics. Sans doute quelques chefs d'adminiftration, quelques officiers fupérieurs, croyant fe faire un titre d'avancement auprès des miniftres, ufèrent de leur influence dans certaines occafions où l'élan n'était pas fpontané ; mais alors ils agiffaient de leur propre mouvement. Le miniftère, loin d'être favorable à la foufcription, s'exprimait ainfi, en annonçant l'intention formelle de ne laiffer exercer aucune intervention de la part du gouvernement : « Des dons,
« qui ne font acceptables que parce qu'ils font fpon-
« tanés, paraîtraient peut-être commandés par des

« confidérations qui doivent être étrangères à des fen-
« timents dont l'expreffion n'aura plus de mérite fi
« elle n'eft entièrement libre (1). » C'eft un fait bien
connu que l'opinion du miniftère fut entièrement partagée par les rois Louis XVIII & Charles X, & qu'en
1829, la Commiffion de Chambord ne favait pas encore fi fon offre ferait acceptée.

Maintenant, mettant de côté les fentiments politiques, nous demanderons, fi tout homme, ami de l'art &
de l'hiftoire, ne doit pas rendre grâce à l'heureufe circonftance qui nous a valu la confervation de l'un des
édifices les plus remarquables de la Renaiffance & les
plus hiftoriques de la France? Il n'eft perfonne qui
ne s'apitoie fur la ruine des monuments de la Grèce
& de Rome; il n'eft fi mince voyageur qui n'ait trouvé
des paroles éloquentes contre les dégradations de
lord Elgin & les boulets des Turcs empreints aux murs
du Parthénon : mais l'on voit fans fourciller, que difons-nous? avec une fecrète joie, peut-être, tomber
nos monuments, à nous, non fous le canon de nos ennemis, mais par la main des révolutionnaires, ou fous
le marteau d'un obfcur fpéculateur. *Affaffins!* difait
un Anglais à qui l'on reprochait d'emporter les bas
reliefs de Jumiéges, *vous vous plaignez des voleurs !* ....
Ne faut-il pas déplorer l'aveuglement caufé par les
paffions politiques, quand un homme dont l'efprit &
le ftyle font juftement vantés laiffe tomber de fa plume

(1) *Rapport au roi*, par M. le comte Siméon, miniftre de l'intérieur, Paris, 20 décembre 1820.

cette phrase de Vandale : « Je fais des vœux pour la « bande noire, qui, felon moi, vaut bien la bande « blanche, fervant mieux l'Etat & le roi. Je prie Dieu « qu'elle achète Chambord (1). »

La Commiffion de Chambord avait eu le projet de reſtaurer le château, avant de le remettre au duc de Bordeaux, mais l'infuffifance des revenus la força d'y renoncer. Le Confeil général de Loir-et-Cher s'était affocié à l'idée de la Commiffion en demandant, en 1821, que les deux forêts de Boulogne & de Ruffy, dépendant jadis de l'apanage de Blois, fuffent réunies à Chambord, pour que le revenu du domaine répondît à l'importance du château & permît de le rétablir entièrement; mais la Chambre de 1825 paffa à l'ordre du jour fur cette demande.

Charles X, craignant de paraître intervenir dans la queſtion de Chambord, eut beaucoup de peine, en 1828, à permettre à Madame la ducheffe de Berry de s'arrêter au château pendant le voyage qu'elle allait faire dans la Vendée. Elle y fut reçue, le 18 juin, par fept à huit mille perfonnes, venues de tous les côtés du Bléfois, qui voyaient avec joie, dans cette vifite, l'affurance que le château ne ferait pas détruit, & que le domaine ferait accepté par le roi au nom de fon petit-fils. La ducheffe de Berry apprécia parfaitement tous les genres d'intérêt qui fe rattachent au monument, & prit plaifir à configner le fouvenir de fa ve-

---

(1) *Simple difcours de Paul-Louis* [Courier], *vigneron de la Chavonnière*, Paris, année 1821.

nue de la même façon que les nombreux vifiteurs qui l'avaient précédée, en infcrivant fon nom, avec la pointe d'un couteau, fous la coupole du grand efcalier.

Cette infcription, dont l'intérêt augmentera de plus en plus, à mefure que la date s'éloignera de nous, a été cachée fous une couche de mortier, pour la dérober, à la fois, aux outrages du fanatifme politique, & à ceux, plus dangereux peut-être, des touriftes. Les uns auraient lacéré la pierre qui la fupporte, les autres l'auraient enlevée.

Touchard-Lafoffe a parlé fort dédaigneufement de l'action fi naïve & fi naturelle de Madame la ducheffe de Berry. « Cette princeffe favait, dit-il, à l'oc-
« cafion, comprendre la grandeur; mieux confeillée
« ce jour-là, elle fe fût difpenfée de confacrer ainfi fa
« venue dans le château des rois, fes aïeux, à la ma-
« nière d'une grifette venant vifiter le donjon de Vin-
« cennes (1). »

Je renvoye les lecteurs de Touchard-Lafoffe à l'ouvrage de Letronne fur les infcriptions gravées par les différents voyageurs qui, depuis la plus haute antiquité, confignèrent de la même manière le fouvenir de leur vifite au célèbre coloffe de Memnon, & au nombre defquels figure l'empereur Hadrien. Pour faire valoir encore l'intérêt qui s'attache à cette forte d'album mural, je demande la permiffion de rappeler auffi

---

(1) Touchard-Lafoffe, *La Loire hiftorique*, t. III, p. 773.

les infcriptions recueillies par moi fur les murailles & les lambris de l'ancien château de Blois (1).

Madame la ducheffe de Berry pofa enfuite la première pierre de la reftauration de Chambord, fur la terraffe de l'Oratoire (2). Les événements politiques qui fe préparaient devaient encore renverfer ce projet, que M. Pinault, alors architecte du château, avait bien compris, en s'appliquant furtout à reproduire l'effet du magnifique développement de la façade du midi, mafquée par les manfardes des cours.

J'avais, dans les éditions précédentes de ce travail, placé ici quelques critiques du plan de reftauration dont j'ai apprécié, comme on le voit, l'idée principale. Je difais que le réfultat cherché par l'architecte ne devait pas être obtenu en abattant les conftructions qui font face au donjon & aux cours, pour les remplacer par une grille. Malgré toute la décoration qui pouvait être donnée à cette grille, elle eût été d'un effet mefquin, en regard de toute la maffe & de toute la majefté du château, & d'ailleurs, en même temps que c'eût été fe mettre en défaccord avec les idées de l'é-

---

(1) *Hiftoire du château de Blois*, 4ᵉ éd., pp. 9, 10, 26, 27, 28 & 29. — J'ai déjà remarqué, fur les murs de Chambord, outre la fignature reproduite p. 62, les noms fuivants : I. AMYOT, 1561 ; IACOMO VISCONTI, MILANESE, 1563 ; Cupper, 1581.

(2) Une brochure publiée alors par la Commiffion, fous le titre d'*Echos de Chambord*, renferme un compte-rendu détaillé de la vifite de Madame la ducheffe de Berry : ce fut l'occafion de la première rédaction de cette Notice, qui fut offerte en manufcrit à la princeffe.

poque, on eût détruit une chofe ancienne pour lui en fubftituer une nouvelle. La reftauration des monuments qui appartiennent à des temps éloignés de nous doit être faite avec le refpect le plus religieux pour les idées & les formes d'architecture en ufage alors. Il n'y a qu'un parti à prendre, & il peut être formulé en peu de mots : réparer & confolider les anciennes portions de l'édifice qui menacent ruine ; reftituer celles qui ont difparu par l'effet du temps ou la main des hommes; abattre les conftructions modernes ajoutées au plan primitif.

Pour rendre au château de Chambord fa phyfionomie originale, il n'y a pas de très-grands travaux à faire. Il fuffit de rétablir les foffés d'enceinte, avec leur décoration architecturale, d'abattre les manfardes, les lucarnes & de refaire la porte principale de la cour, adjonctions fi malheureufes de Louis XIV, & de remplacer les manfardes par des terraffes. Les deffins & les plans du vieux du Cerceau, contemporain de Chambord, fuffifent pour donner une idée exacte de ce qu'il faut reftituer & de ce qu'il faut détruire.

J'ai vu, avec joie, ces principes, que je proclamais dans mon édition de 1847, fuivis dans les travaux de reftauration extérieurs, ou purement architecturaux, que l'on pourfuit depuis plufieurs années.

Le 7 février 1830, la Commiffion de Chambord fit folennellement la remife du domaine à Charles X, qui l'accepta au nom de fon petit-fils. Ce fut chez le duc de Bordeaux que, le 12 mai de la même année, furent reçus les princes de Sicile & la ducheffe de Berry, revenue avec eux viſiter Chambord. La demeure royale eſt retombée depuis dans cette ſolitude profonde qui ajoute encore à la triſteſſe naturelle du ſite.

Pendant cette viſite, qui devait être un adieu, Madame la ducheſſe de Berry dit à M. de Calonne, nommé par le roi Conſervateur de Chambord : « Monſieur, il « ne faut par diſtraire un denier de revenu de la pro- « priété; tout doit y être dépenſé en améliorations & « pour le bien du pays. » Ce vœu a été religieuſement accompli.

Par les ſoins de feu M. Bourcier, régiſſeur du domaine, la totalité des maiſons du village a été reconſtruite; la preſque totalité des toits & des charpentes du château renouvelées; les manſardes de l'aile de l'oueſt ont été abattues; toutes les lucarnes des combles ſont garnies de volets (1); on a commencé de rétablir aux fenêtres les meneaux & les vitraux qui avaient diſparu; deux chapelles & une tour ſurmontée d'une campanille, dans le ſtyle du château, ont été ajoutées à l'égliſe, qui a été reconſtruite preſque entièrement; on a fondé deux écoles gratuites. Près de 3,000 hectares de terre, où ne croiſſaient que des genêts & des bruyères, ont été plantés en glands, châtaignes, bouleaux & arbres réſineux de différentes eſpèces; une grande partie des terres affermées ont été marnées aux dépens

---

(1) En donnant à ces volets une teinte ſemblable à la couleur des pierres du bâtiment, on a détruit l'effet que produiſent les creux des fenêtres ſur les ſurfaces planes des murailles.

du propriétaire; plus de 20 lieues de routes & allées plantées d'arbres, pour le parcours du parc, dans tous les fens, ont été exécutées ; on a creufé, tous les ans, de 25 à 30,000 mètres de foffés d'affainiffement & de clôture; le Coffon, qui parcourt le domaine dans une étendue de trois lieues, a été curé à fond; la Sologne s'arrête maintenant aux murs du parc. M. Aug. Johannet a publié un excellent travail fur le domaine de Chambord, confidéré au point de vue agricole & filvicole (1).

Aujourd'hui, une fomme de plus de cent mille francs, affure, chaque année, le travail à deux cents familles d'artifans. La population de la commune, dont le bien-être moral & matériel va s'améliorant fans ceffe, a prefque doublé depuis que Chambord eft devenu la propriété du duc de Bordeaux. On ne pouvait pas ufer plus dignement du don généreux de la France.

Maintenant que les travaux de confolidation du château font prefque terminés, on donne fuite au projet de reftauration foumis en 1830 à Madame la ducheffe de Berry, & je ne puis qu'applaudir à tout ce qui a déjà été exécuté (2) En préfence du progrès immenfe qui s'eft fait dans les travaux de reftauration de

(1) Orléans, Gatineau, in-18, 1858.

(2) C'eft cependant par un purifme exagéré que l'on a remplacé des volets où fe trouvait le Soleil de Louis XIV. Ils indiquaient la partie du château que ce fouverain habitait & méritaient à ce titre, d'être confervés. D'ailleurs, il ne convient pas de détruire des travaux déjà anciens, quand ils fe recommandent par la valeur du ftyle ou par l'intérêt des fouvenirs.

nos anciens monuments nationaux, & dont le château de Blois nous offre un des plus brillants modèles, nous devons donc compter fur la reftitution la plus complète & la plus intelligente des portions détruites ou altérées du château de Chambord. Nous verrons reparaître les foffés d'eau vive & leurs doubles rangs de baluftres ; nous retrouverons les terraffes de la cour, fous les manfardes abattues ; le magnifique afpect du Donjon, de fa coupole, de fes galeries & des efcaliers à jour, fe préfentera de nouveau à la vue, & fans obftacle, dans toute fa fplendeur.

La révolution de juillet a laiffé à Chambord quelques traces de fon paffage. La panique de février 1831 ayant fait entreprendre une croifade contre les fleurs de-lys, on fut obligé de démolir celle qui furmontait le grand efcalier (1), &, comme il était permis de fe méfier des connaiffances hiftoriques des brifeurs d'infignes royaux, on fut obligé également de faire difparaître les H couronnés de Henri II, dans la crainte qu'ils ne fuffent attribués à Henri V.

Mais voici une attaque plus férieufe contre le domaine de Chambord. Le gouvernement du Juillet, s'autorifant du titre d'*apanage* donné à ce domaine dans divers documents, quoiqu'il ne fut énoncé ni dans le procès-verbal de remife, ni dans l'acte d'acceptation de Charles X, le fit mettre fous le fequeftre & en prit poffeffion, au nom de l'Etat, le 5 décembre 1832. Cette

---

(1) Elle a été rétablie depuis; le fleuron du milieu n'a pas une forme affez élancée, & il a perdu fon aplomb.

poffeffion lui fut juridiquement adjugée par une fentence du juge de paix de Bracieux. Mais, fur l'appel de Madame la duchefſe de Berry, l'affaire fut portée en dernier reffort au tribunal de Blois, qui donna, à cette occafion, un exemple de l'indépendance de la magiftrature. Ayant à prononcer dans la caufe d'un prince exilé, le tribunal, oubliant les qualités des parties, déclara l'Etat non recevable dans fes prétentions, par jugement du 19 février 1834, qui réintégra le duc de Bordeaux dans la *poſſeſſion* de Chambord.

Bientôt l'Etat, renonçant à fe pouvoir contre ce jugement dont la rédaction eft un chef-d'œuvre de clarté & de raifon, réfolut d'attaquer, au fond, la queftion d'apanage, & revendiqua formellement la *propriété* du château & de fes dépendances.

Le tribunal civil de Blois était faifi de la queftion, dont la folution femblait prochaine, lorfque le procureur du roi fouleva d'office une fin de non-recevoir, réfultant de ce que M. le marquis de Paftoret ayant été irrégulièrement invefti de la tutelle de M. le duc de Bordeaux, celui-ci ne fe trouvait pas repréfenté. Le tribunal avait adopté les conclufions du miniftère public; mais, fur l'appel interjeté par les deux parties, la Cour royale d'Orléans infirma la décifion des premiers juges et renvoya la connaiffance du procès au tribunal civil de cette ville. Devant ce tribunal, l'Etat foutenait : 1º que le domaine était inaliénable dans les mains du jeune prince de Wagram, & que conféquemment il n'avait pu être valablement vendu; 2º qu'en tous cas, il avait été donné à M. le duc de Bordeaux

& reçu en fon nom à titre d'apanage, & que l'extinction s'en était opérée au profit de l'Etat par fuite des événements politiques de 1830. Ces prétentions furent repouffées par un jugement que la Cour royale d'Orléans confirma le 4 mai 1839.

Cette décifion ne devait point terminer le litige : il fut déféré à la Cour de caffation. M. le procureur général Dupin, dans de favantes conclufions, envifagea l'affaire fous toutes fes faces, & il n'eut pas de peine à démontrer la faibleffe des moyens de la Régie, dont l'action, fuivant les expreffions de l'impartial magiftrat, ne s'appuyait que *fur les motifs les plus futiles*. « M. le duc de Bordeaux, difait en terminant M. Dupin, « n'apparaît ici que comme un mineur ordinaire dé-« fendant fon patrimoine privé. Heureufement pour « lui, le titre honorifique d'apanage n'a point pefé fur « fa terre; s'autorifer de ce titre menfonger pour la « lui enlever, ce ferait une confifcation contraire à « à nos lois, à nos mœurs. (1) » Ces conclufions ne pouvaient manqur d'être accueillies par la Cour qui, par arrêt du 3 février 1841, rejeta le pourvoi.

La propriété du domaine fe trouvait donc irrévocablement confolidée entre les mains du prince. Mais, conformément aux difpofitions rigoureufes de la loi du 10 avril 1832, l'aliénation devait en être opérée dans un délai de deux ans, qui avait commencé à courir du jour de l'arrêt de caffation, lorfqu'un nouveau pro-

(1) Le célèbre jurifconfulte a rappelé lui-même ce fait fur l'album des vifiteurs de Chambord, le 23 mai 1858.

cès vint pour longtemps encore fufpendre l'effet de cette loi réactionnaire. Malgré notre douleur de voir ce château, fi célèbre dans les annales de l'art & de l'hiftoire, ne fournir, pendant vingt-cinq ans, de pages qu'aux faftes de la chicane, nous devons mettre nos lecteurs au courant des événements qui ont tenu fufpendus fur lui, pendant fi longtemps, les derniers coups réfervés par les révolutions aux demeures des rois.

En dehors des murs du parc & du côté de la forêt de Boulogne, il exifte, à l'ufage des gardes du château de Chambord, des jardins dont l'État réclamait la reftitution comme ayant été ufurpés fur la forêt domaniale. Les repréfentants de M. le duc de Bordeaux proteftèrent contre cette prétention, en excipant de la jouiffance immémoriale des propriétaires du château, & en ajoutant d'ailleurs que les jardins faifaient partie, jufqu'à concurrence de 24 pieds, au moins, d'une zône de la même étendue, dite *tour d'échelle*, ou *chemin de ceinture*, régnant tout autour du parc & en dépendant.

En 1841, l'État intenta, devant le tribunal civil de Blois, une demande en revendication des jardins litigieux. En 1843, il fe pourvut devant le juge de paix de Bracieux, à l'effet d'être maintenu en jouiffance du furplus du chemin de ceinture contigu à la forêt de Boulogne, dont il prétendait n'avoir jamais perdu la poffeffion.

Le procès de 1841, jugé à Blois, dans le fens des prétentions de l'État, fut déféré à la Cour royale d'Orléans, où, après un arrêt de partage, la Cour, par des confidérations fe rattachant aux points de droit les plus épineux, mais qu'il ferait trop long de reproduire ici, décida, le 1er mars 1845, que M. le duc de Bordeaux avait, à l'aide de la prescription décennale, acquis la propriété des jardins litigieux, mais seulement quant à la partie comprise dans les 24 pieds donnés au tour d'échelle. Cette décision ne fut l'objet d'aucun pourvoi en cassation & obtint de la part des deux parties une exécution complète.

Quant à l'instance *possessoire* engagée en 1843, pour le surplus du tour d'échelle, elle reçut une première solution devant le juge de paix de Bracieux, qui rejeta les prétentions de l'Etat. Cette sentence, en date du 23 novembre 1846, fut confirmée par jugement du tribunal civil de Blois du 16 août 1848.

Vaincu au possessoire, l'Etat non découragé se pourvut au pétitoire. Le 13 juillet 1852, nouveau jugement du tribunal civil de Blois & nouvel échec. Appel. Devant la Cour impériale d'Orléans, les parties soulevèrent la plupart des questions de droit qui déjà avaient été l'occasion de discussions approfondies à la suite desquelles avait été rendu l'arrêt de 1845. Mais la Cour, éclairée par des documents nouveaux, prit la cause de plus loin, et, recherchant avec soin les faits anciens qui se rattachaient à l'origine & à l'établissement du chemin de ceinture, elle décida, par arrêt du 25 février 1854, confirmatif du jugement de première instance, non plus seulement, comme en 1845, que le prince avait acquis par prescription tout ou partie du chemin de ceinture ; mais que ce chemin de ceinture était, depuis

1711, entré dans la confiftance du domaine avec lequel il avait été compris dans les diverfes aliénations qui s'étaient fuccédé, depuis l'affectation faite à la Légion-d'Honneur jufqu'à l'acte de 1821 qui avait invefti M. le Duc de Bordeaux de tous les droits des anciens propriétaires, fes prédéceffeurs.

Ici fe termine la longue involution de procédures dont le château de Chambord a été l'objet. L'arrêt de 1854, accepté par l'Etat, a été le dénouement de cette lutte judiciaire qui durait depuis un quart de fiècle. Mais les menaces de l'avenir ne font pas toutes épuifées. Sur cette terre, tant de fois conteftée, planent encore les redoutables éventualités que recèle la loi de 1832, toujours en vigueur, malgré la chute du gouvernement fous lequel elle a pris naiffance. Une chofe toutefois raffure ; c'eft la haute fageffe qui préfide aux actes du gouvernement actuel; l'Empereur fe rappellera, on n'en faurait douter, tout ce qu'a fait fon oncle pour arracher Chambord aux mains des Vandales de fon temps.

Un long avenir femble donc réfervé à ce beau & curieux monument, qui conferve le privilége d'attirer des flots de vifiteurs fe renouvelant fans ceffe. Il n'eft pas de voyageur des rives de la Loire qui ne veuille fe détourner un moment de fa route pour contempler un édifice riche de tant de fouvenirs, empruntés à tout ce qu'ont de plus noble & de plus attrayant l'art, la légende & l'hiftoire.

FIN.

TABLE.

I.

DESCRIPTION.

Situation et plan du château. — Le donjon. — Le grand efcalier. — Les efcaliers à jour. — La chapelle. — L'oratoire. — Les combles. — Sentiment de divers auteurs fur Chambord. — Le Primatice n'a pu être l'architecte de Chambord. — Difcuffion à ce fujet. — Pierre Nepveu, dit Trinqueau, *maiftre de l'œuvre de maçonnerie du chaftel de Chambord*. . . 1—41

II.

HISTOIRE.

Origines de Chambord. — Hiftoire du château fous les comtes de Blois de la maifon de Champagne. — Le château fous les comtes de Blois de la maifon de Châtillon. — Mort de Jean de Châtillon. — Châtelains de Chambord. — Chambord fous les ducs d'Orléans. — Capitaines de Chambord. — La forterefte de Chambord mife en état de défenfe contre les Anglais. — Chambord réuni au domaine de la couronne. — Reconftruction du château par François Ier. — Paffage de Charles-Quint. — Gouverneurs de Chambord. — Vifites de François Ier. — Traité de Henri II avec les princes allemands détachés du parti de Charles-Quint. — Ordonnances rendues à Chambord par François II. — Le curé de Chambord tué à l'autel. — Catherine de Médicis à Chambord. — Exploit de vénerie de Charles IX. — Négociations entre Henri III & le duc d'Alençon pour la *Paix de Monfieur*. — Henri IV néglige Chambord. — Capitaines-Gouverneurs de Chambord. — Séjours de Louis XIII. — Chambord eft donné, avec le comté de Blois, à Gafton d'Orléans, en augmentation d'apanage. — Vifite de Mademoifelle. — Retour de Chambord à la couronne. — Commune, paroiffe & prévôté de Chambord. — Fêtes données par Louis XIV. — Première repréfentation de *M. de Pourceaugnac* & du *Bourgeois Gentilhomme*. — Paffage de Philippe V & du duc de Bourgogne. — Séjour du roi Staniflas Leczinfki. — Chambord donné en apanage, par Louis XIV, au maréchal de Saxe. — Occupations du maréchal. — Sa mort. — Retour de Chambord à la couronne. — La Révolution menace Chambord. — Vente du mobilier en 1793. — Mife en vente du domaine. — Napoléon fauve Chambord en le défignant comme chef-lieu de la 15ᵉ cohorte de la Légion-d'Honneur. — Le domaine de Chambord donné par l'Empereur au prince de Wagram. — En 1821, il eft acheté pour être offert au duc de Bordeaux. — Vifite de la ducheffe de Berry. — Acceptation de Chambord par Charles X, au nom de fon petit-fils. — Vifite des princes de Sicile. — Travaux exécutés à Chambord depuis fa poffeffion par le duc de Bordeaux. — Procès intenté au prince par le gouvernement de Juillet. — Le duc de Bordeaux eft confirmé dans la poffeffion du domaine de Chambord 43-109

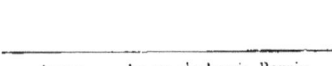

Lyon. — Impr. de Louis Perrin.

www.ingramcontent.com/pod-product-compliance
Lightning Source LLC
Chambersburg PA
CBHW070513100426
42743CB00010B/1820